CASSANDRA
a princesa de Troia

Coleção O MUNDO DO GRAAL

CASSANDRA
a princesa de Troia

*Texto extraído do livro
"Histórias de Tempos Passados"*

ORDEM DO GRAAL NA TERRA

Título do original em língua alemã:
Kassandra

Traduzido do alemão sob responsabilidade da

ORDEM DO GRAAL NA TERRA
Rua Sete de Setembro, 29.200
06845-000 – Embu das Artes – São Paulo – Brasil
www.graal.org.br

1ª edição: 2010
2ª edição: 2024

Dados Internacionais de Catalogação na Publicação (CIP)
(Câmara Brasileira do Livro, SP, Brasil)

Cassandra, a princesa de Troia / [organização e tradução Ordem do Graal na Terra]. – 2. ed. – Embu das Artes, SP: Ordem do Graal na Terra, 2024 – (Coleção O Mundo do Graal).

Título original: Kassandra
"Texto extraído do livro - Histórias de Tempos Passados"

ISBN 978-85-7279-113-7

1. Espiritualidade - Filosofia 2. Grécia antiga 3. Guerra de Troia I. Ordem do Graal na Terra II. Série.

24-189083   CDD-833

Índices para catálogo sistemático:

1. Literatura alemã 833

Eliane de Freitas Leite - Bibliotecária - CRB 8/8415

Impresso no Brasil

Papel certificado, produzido a
partir de fontes responsáveis

"Onde o sol penetra, nossos corações se tornam claros e luminosos e nós nos esforçamos por corrigir os nossos erros. Cassandra é o raio solar que nos mostra inconscientemente toda a escuridão em nós e nos outros."

O céu estendia-se num profundo azul sobre a praia de Troia. Bem distante, no horizonte, flutuava uma pequena nuvem, como se esta se deixasse impelir pela sensação de infinito bem-estar.

Numa cadência monótona as ondas do mar se chocavam contra os penhascos e recifes, que se achavam situados próximo da costa. Ocasionalmente uma das ondas cristadas transpunha os obstáculos, dissolvia-se em branca espuma e espalhava medusas e conchas pelo chão.

O bramir das ondas e o esguichar da espuma formavam uma melodia que vibrava jubilosamente. Num dos recifes estava sentada uma menina de aproximadamente quatro anos, que cantava. Alegremente elevava-se a voz que provinha do fundo da alma. Não era algo aprendido, nada que se destinasse a outrem. A pequena cantava transformando em sons seus próprios pensamentos, pois essa era a expressão mais natural que ela achava para isso.

"Nuvenzinha aí em cima", cantava ela, "como és alva e macia! O que vês aqui embaixo entre os homens? Vem e leva-me contigo. Cassandra também gostaria de voar aí em cima e olhar sobre toda Troia!"

Subitamente a canção se interrompeu e uma risada cristalina ressoou. A pequena dobrava-se de tanto rir.

— Devia ser engraçado, exclamava ela entusiasmada, se eu pudesse contemplar a mãe, de lá de cima. Com certeza eu faria chover um pouco. Então a mãe olharia para cima, mas não me veria. Ela não poderia dizer: "Cassandra, deixa disso!"

A pequena ria novamente com alegria.

Ai! Com um movimento brusco, uma das suas sandálias brancas caíra na água. Ela as tinha tirado, antes de passar pela água rasa, para poder chegar ao seu lugar favorito. Pulou apressadamente do seu assento. A água respingou alto e cobriu a pequena com um chuvisqueiro.

— Ah! meu vestido branco! exclamou ela assustada; contudo, consolou-se imediatamente. O sol enxuga tudo de novo. Sol querido sol, murmurava ela, envia teus raios, senão Cassandra vai ser repreendida!

A sandália foi encontrada e colocada cautelosamente sobre o recife, ao lado da outra. Depois, com cuidado, foi estendido o vestido branco e fino. Cassandra, de combinação, andava pela água, que lhe envolvia agradavelmente os pezinhos descalços. Ela procurava conchas e esquecera tudo o mais.

Era uma criança graciosa, de rara simetria nos membros arredondados. Tinha a cútis branca e delicada; os olhos azul-acinzentados eram grandes e brilhantes. O delgado narizinho mirava perscrutadoramente o mundo e proporcionava às suas feições algo de indagador. A isso se adaptava a pequena e bem-formada boca, a qual estava sempre em movimento, mesmo quando não falava ou cantava. Parecia como se esta devesse dar ênfase a seus pensamentos.

Uma fita prateada cingia os cachos castanho-dourados de seus cabelos e estava amarrada em forma de um grande laço atrás das orelhas. A fita, que deveria permanecer sempre no lugar certo, já muitas vezes tinha sido causa de reprimendas para a vivaz menina! A mãe não tolerava que suas filhas estivessem trajadas negligentemente.

Cassandra juntava uma porção de conchas rosadas e marrons, e nesse afã procurava solicitamente uma concha branca com características singulares, pela qual tinha uma especial predileção. Dessa vez achou logo duas assim. Começou, então, novamente a cantar, com voz cristalina, como o toque de um sino. A canção anunciava a alegria pelo achado, pelo sol e por sua vida juvenil.

Denunciava, no entanto, também o seu paradeiro. Do lado da costa ressoavam vozes, que se aproximavam e se tornavam mais nítidas. Então elas silenciaram; em compensação, os recém-chegados percebiam agora o cântico de Cassandra.

— Como é linda a sua canção, disse a mais jovem das duas moças que caminhavam uma ao lado da outra em direção ao recife.

Tinham a mesma altura, mas eram de idades diferentes. A mais nova usava traje idêntico ao de Cassandra. Também os cachos do seu cabelo castanho-dourado estavam presos por uma fita, mas a compleição e as feições do rosto eram mais grosseiras, diferentes das de Cassandra. Seu semblante apresentava traços de insatisfação que pareciam ser-lhe inerentes, apesar do sorriso que agora deslizava em volta de sua boca.

— Tens de admitir, Dínia, dirigiu-se ela à sua companheira, que nenhuma de nós pode imitá-la ao cantar.

A interpelada virou-se para ela, contente.

— Tomara que tu reconheças isso, Creusa. Vossa pequena irmã, nascida tardiamente, é um tesouro para todos vós.

— Dínia, não vejo o que seja tão estimável nela, replicou Creusa quase irritada. Pensa um pouco: somos dezenove irmãos que têm Hécuba como mãe. Sei, com certeza, que também a mãe não se regozijou quando ainda este ser vivaz nasceu. Desde que Cassandra cresceu e ultrapassou os cuidados da ama, nós, irmãos, temos seguidamente divergências por causa dela.

Creusa empurrou uma pedra com a ponta de sua sandália e o movimento denotava claramente quanto descontentamento tinha-se acumulado em sua alma.

Dínia silenciou. Não lhe ficava bem, como serviçal, contradizer a filha do rei. E, não obstante, ela ousava de vez em quando uma réplica, porque não suportava que alguns dos irmãos menosprezassem sua querida Cassandra.

Polidoro, o mais novo dos filhos homens, era o predileto e a alegria de Hécuba. Ela parecia estar afeiçoada exclusivamente a ele, esquecendo-se de que mais dezoito filhos tinham direito ao seu amor e aos seus cuidados maternos.

Ela entregara as meninas mais novas, sobretudo Cassandra, aos cuidados de Dínia, que se criara na corte do rei. Seu pai, descendente de uma nobre família troiana, tombara em luta pelo seu senhor, e sua mãe falecera durante o parto em que ela nasceu. Como ela não tinha nenhum parente, Príamo recebeu a órfã em sua casa, onde ela agora desempenhava as funções de uma empregada de confiança. Creusa e sua irmã Laódice faziam-na sentir, de vez em quando, que existia uma grande distância entre elas, enquanto que Praxedes e Cassandra retribuíam seu amor com afeição.

O cântico de júbilo de Cassandra esvaeceu-se, mas em compensação ela tornou-se visível ao subir cuidadosamente, com seu traje leve, no recife, e encher as sandálias com as conchas encontradas, dirigindo-se em seguida, com elas e com o vestido branco já enxuto, penosamente em direção à praia.

Dínia quase não pôde se conter; teve de rir. Creusa, no entanto, começou a ralhar, antes mesmo que a pequena a alcançasse. A criança abaixou a cabeça, e os olhos, que há poucos instantes ainda estavam sorridentes, anuviaram-se.

Era tão grave o que ela havia feito? Pois ninguém a tinha visto. Apenas queria poupar a roupa e secá-la. Com certeza, se a mãe soubesse disso, ela seria castigada, e Creusa cuidaria para que isso chegasse ao seu conhecimento. De todos esses pensamentos, que repentinamente passaram pela sua cabeça, a pequena nada falou. Dirigiu-se a Dínia em tom de agrado:

— Dínia, sinto muito ter colocado as conchas nas sandálias. Agora tens trabalho com isso!

Contudo, o arrependimento logo passou. Num gesto engraçado, a menina inclinou a cabeça para trás, para poder fitar os olhos de Dínia.

— Como então eu poderia levar minhas belas conchas para casa? Olha só como elas são bonitas!

Nesse meio tempo, Dínia havia amarrado as preciosidades num pano, e começou a enxugar as sandálias, limpando-as.

— Precisas vestir-te, Cassandra. Tua mãe não deve ver-te assim. Já é tarde. Nós não conseguíamos encontrar-te.

A pequena enfiou-se pressurosa no seu vestido; enquanto isso conversava animadamente:

— Eu sempre estou aqui, quando não estou nos estábulos ou no jardim. Às vezes também vou aos campos ou…

— Ou sobes à torre, como recentemente, interrompeu Creusa, meio divertida. Se pelo menos eu soubesse o que querias lá. Ninguém de nós tentou ainda empreender a dificultosa escalada sobre os muitos degraus. Enfim, pudeste olhar por cima do parapeito?

— Queres saber se eu estava de pé, quando olhei para baixo? perguntou Cassandra por sua vez. Não, isso não foi possível; o parapeito ultrapassa a minha cabeça. Mas eu subi em cima dele. Isso foi fácil. Lá me sentei sobre o largo parapeito. Era maravilhoso olhar de lá para baixo! Eu gostaria de sempre contemplar tudo do alto. Sobre as nuvens eu gostaria de voar e...

Novamente a criança foi interrompida, e dessa vez por Dínia, que empalidecera com suas palavras.

— Queres dizer então, Cassandra, que estiveste sentada em cima do parapeito da torre?

— Sim, exatamente isso quero dizer, jubilava a pequena. Foi tão bonito! Primeiramente olhei sobre a cidade e depois quis descobrir se o mar podia ser avistado. Então me levantei e andei em volta da torre. O parapeito é largo, Dínia, acrescentou ela, procurando tranquilizá-la, quando viu a impressão que suas palavras tinham causado na fiel empregada. Nada me podia acontecer. Em breve subirei de novo.

— Terás de deixar disso, exaltou-se Creusa.

E não pôde, contudo, fazer a censura que tinha na ponta da língua, porquanto da cidade galopavam dois rapazes sobre pequenos e ágeis cavalos em direção a elas: Polidoro e seu irmão mais velho, Deífobo.

— Queres cavalgar, Cassandra? chamou o último afavelmente.

E sem esperar a aprovação da ama, ergueu a criança que estava toda alvoroçada, acomodando-a à sua frente, na sela. Imediatamente, os pequenos corcéis saíram dali a galope!

Cassandra volveu a cabeça para o lado e disse ao grande irmão:

— Tu és bom, Deífobo. Creusa queria ralhar, mas tu me tiraste de lá.

Nessa sensação de segurança, ela encostou-se no seu protetor.

Este queria saber por qual delito Cassandra merecia a reprimenda. Quando soube quão arrojada era a menina, também ficou assustado. Com palavras sérias e cheias de carinho, procurou fazer a criança compreender como ela havia procedido levianamente e, arrependida, a pequena prometeu nunca mais empreender a perigosa acrobacia.

— Se mais uma vez quiseres contemplar lá de cima, disse Deífobo carinhosamente, então me chama. Subiremos juntos à torre; dos meus ombros poderás olhar mais longe do que do parapeito.

Deífobo era profundamente afeiçoado à pequena irmã, a qual entrara em sua vida como um raio de Sol. Sempre inventava alguma novidade para alegrá-la e ouvir a sua voz ressoar em júbilo. Nesse empenho, ele sentia-se unido ao pai, a quem venerava exaltadamente. Ele compreendera que Príamo tinha predileção pelo filho mais velho, Heitor, o qual tanto se assemelhava ao pai, e que tinha orgulho de Páris, que se parecia com os deuses. Ainda mais feliz se sentia quando o olhar de aprovação do pai repousava sobre ele, cada vez que alegrava a pequena irmã ou a protegia.

Após curta cavalgada, os três cavaleiros alcançaram a cidade, e Cassandra foi entregue aos cuidados das criadas. Ela avistou o pai no outro lado do pátio. Em conversa séria, ele caminhava ao lado de um dos seus confidentes; mantinha o olhar dirigido para baixo, completamente absorto em seus pensamentos.

Célere, a pequena correu através do pátio. Cheia de júbilo, abraçou os joelhos do pai, pois mais alto ela não alcançava. E sobre o semblante sério de Príamo estampou-se um brilho de íntima felicidade. Ele inclinou-se, pegou a criança nos braços, acariciou-a e sentou-a sobre os seus ombros, onde ela começou imediatamente a entrelaçar a crina do penacho do seu capacete, em forma de trança. Os pequenos dedos trabalhavam tão suaves e ágeis, que o pai não percebeu essa atividade, enquanto continuava o diálogo interrompido.

Nisso acorreram as criadas, e Cassandra lhes foi confiada. De mau grado a pequena se deixou tirar do seu alto assento. Somente quando viu numa das janelas abertas a mãe, e Creusa ao lado, ela se apressou em sair dali.

Apesar de ainda estar na infância, Cassandra sentia nitidamente que as suas relações com a mãe eram diferentes das de seus irmãos.

Uma vez ela perguntou a Praxedes, que era doze anos mais velha do que ela:

— Praxi, por que a mãe não gosta de mim?

Essa pergunta tocou profundamente o coração da carinhosa irmã.

O que ela deveria dizer à criança? Sim, ela própria sentia com crescente indignação como a mãe punha de lado, desconsideradamente, o tesouro que lhe fora dado justamente nessa radiante e pura criança, e como ela não sabia ler seu coração. Para ganhar tempo, ela respondera:

— A mãe não gosta muito de crianças pequenas, Cassandra. Quando fores mais velha, então poderás ser amiga dela.

— Seria bom, opinava a pequena, com seriedade. Quando se dará isso?

Repentinamente os seus pensamentos tomaram uma nova direção, e a pergunta seguinte foi:

— Filhos são diferentes de filhas?

Praxedes, que não pôde compreender o verdadeiro sentido dessa pergunta, disse:

— Não entendo o que queres dizer. Sem dúvida são diferentes!

— Eu acho que a mãe ama tanto o Polidoro, isto se pode notar claramente. E ele é o mais novo de todos nós! Depois venho eu.

Praxedes já queria responder imprevidentemente: "É justamente isso. Ele foi tanto tempo o caçula... Depois tu lhe tomaste o lugar."

Porém, lembrou-se a tempo de que com isso teria tornado sem efeito a primeira resposta. Assim, ela usou o último recurso dos adultos:

— Isso ainda não entendes, Cassandra. Mesmo que eu quisesse te explicar, ainda não o poderias compreender.

Então a pequena silenciou; contudo, em sua cabeça os pensamentos não se acalmaram. Com a despreocupação de sua idade infantil, ela esquecia temporariamente a aflição, porém o menor motivo fazia com que ela surgisse de novo, e com admirável pertinácia ela se apegava ao fio do pensamento exatamente onde o deixara cair pela última vez.

Ela dividia os irmãos em dois grupos: um que possuía o pronunciado e claramente perceptível amor da mãe: Polidoro, Páris, Heitor, Laódice, Creusa e provavelmente mais alguns dos grandes. Os outros, principalmente Praxedes e Deífobo, nunca eram chamados pela mãe quando ela queria fazer um passeio. Para eles, a mãe nunca mandara fazer um vestuário especialmente bonito para cerimônias. Por que tudo isso era assim? O pai era bondoso para com todos os filhos indistintamente. Ele era severo, porém até Cassandra já compreendia que isso tinha de ser assim. Sua severidade fazia bem, ao passo que as reprimendas da mãe pareciam à criança como se fossem insensatas e nelas houvesse algo de irritante.

U<small>M DIA</small> Hécuba mandou afogar o cãozinho de Cassandra, por este ter querido morder Polidoro, que o havia provocado. Chorando, a criança correu para Dínia.

— Roxor não tinha feito nada de mau, soluçava Cassandra. Eu gostava muito dele!

Dínia, acariciando de leve os densos cachos, procurava desviar os pensamentos da criança, mas não conseguiu seu intento. Cassandra quis saber por que a mãe procedeu assim.

— Roxor também teria sido morto, se pertencesse a Polidoro? indagou ela.

— Certamente! soou a resposta de Dínia, dada contra a sua própria convicção. Vamos pedir ao rei que te presenteie com um outro cãozinho. Eu vi um lindíssimo, preto e branco. Talvez eu te possa trazê-lo.

Cassandra, no entanto, meneou a cabeça.

— Deixa o cão onde está, assim pelo menos ninguém fará mal a ele.

Um leve amargor soava na voz infantil.

Por muito tempo o pequeno coração sentiu dó por Roxor. Até o severo pai percebeu a leve melancolia que se estendia por sobre a alegria da sua caçula, assim que qualquer coisa a lembrasse do companheiro perdido. Ele falou com Dínia e encarregou-a de arranjar um substituto.

— Deixa-a primeiro possuir um novo cãozinho, e logo também esquecerá a apreensão de que lhe possa acontecer algo, opinava ele, em resposta a objeção de Dínia.

— Creio que o rei subestima a profundidade dos sentimentos de Cassandra, ousou Dínia dizer em resposta. Parece como se a criança consistisse só em jovialidade, no entanto por trás disso se oculta mais do que se pode encontrar em outras crianças.

Com muito gosto a fiel teria continuado a falar, porém isso não significaria acusar a rainha? Poderia ela, a empregada, atrever-se a fazer tal coisa? Assim se calou, mas o rei percebeu como ela se dominava e isso lhe falou mais claro do que muitas palavras o teriam feito. Resolveu cuidar melhor da sua filha. Por ora decidiu que Dínia arranjasse qualquer outro animalzinho para companheiro da menina, que quase sempre estava só.

Cassandra quase não brincava com outras crianças. Na corte de Príamo existiam poucas crianças da mesma idade cuja companhia fosse adequada à filha do rei. Quando ela se juntava ocasionalmente com outras crianças, então brincava animadamente e era a mais vivaz de todas. Contudo, depois perguntava:

— Dínia, por que nós fizemos tanta algazarra?

— Vós vos alegrastes, Cassandra, dizia a pajem, como se fosse coisa natural.

— Tu achas? Hesitante, a criança fez essa pergunta. Eu ri porque as outras riam. Mas não estávamos contentes. É pena que não pude ir à praia.

Dínia tinha escolhido um cabritinho branco para a sua protegida brincar, sem se lembrar de que o animalzinho permaneceria apenas por pouco tempo assim gracioso e pequeno. Jubilante, Cassandra saudou o novo companheiro, o qual logo se afeiçoou estreitamente a ela. Era divertido observar os dois quando brincavam. Polidoro disse maldosamente:

— Agora Cassandra achou o companheiro certo! Ele é tão indócil quanto ela.

Os outros irmãos, no entanto, repreendiam-no por causa de suas palavras inadequadas. Eles apreciavam os dois companheiros, que escalavam as rochas da costa, saltavam sobre os prados e, quando o cabritinho ficou maior, também lutavam entre si.

Novamente foi a mãe que pôs um fim a essas brincadeiras. Ela achava insuportável a presença desse animal, que exalava o cheiro característico de sua espécie, nas proximidades do palácio. Ela fez com que o afastassem em sigilo, e de novo a pequena Cassandra se encontrava, sem compreender, diante duma grande mágoa. Hécuba procurou esclarecer a criança sobre o motivo da medida tomada.

— Tu mesma não notaste que ele tinha um cheiro repugnante? perguntou ela.

Cassandra admitiu isso, sem mais nada; no entanto, depois prosseguiu:

— Nós podíamos tê-lo lavado todos os dias. Quando tu disseste recentemente que o cheiro era horrível, então eu lavei Antares na praia e depois esfreguei-o todo com perfume. Ele cheirava aromaticamente, quase tão bem como tu, quando vestes teus bons vestidos.

A menina disse isso ingenuamente. A mãe irritou-se.

— Então pegaste o pote com o precioso nardo, que eu recebi há pouco tempo de um país distante? Eu suspeitava das criadas.

— Oh! isso eu sinto muito. Tu as castigaste? exclamou a criança, arrependida e assustada. Eu quero correr logo para lá e dizer a elas que fui eu, e que lamento isso.

— Não, deixa disso! Não faz mal que elas recebam alguma vez injustamente uma descompostura. Muitas vezes elas escapam do castigo; isto se compensa. Mas é incrível que tenhas esfregado a preciosidade na pele de um bode catinguento! Agora estou duplamente contente por impossibilitar que repitas tais travessuras.

A criança silenciou, se bem que intimamente algo se agitasse. Era demais o que tinha a analisar. Dínia interveio amavelmente em favor da criança perturbada, esclarecendo-lhe que não se deve tirar nada que pertença a outrem. Argumentou que Cassandra ainda era muito pequena para compreender a extensão do seu procedimento. Além disso, a atitude da mãe para com as criadas era para ela um excelente exemplo.

Pelo arrependimento que sentiu em relação a isso, Cassandra aprendeu eficazmente a analisar as consequências que seus atos poderiam trazer para os outros.

D EPOIS desse fracasso, Príamo e Dínia desistiram de presentear a criança com outro animal.

Então um dia Cassandra trouxe sozinha um novo companheiro para casa. Era um pequeno e lanudo cão pardacento, com focinho pontudo e olhos vigilantes, os quais, quando irritados, cintilavam esverdeados.

— É um chacal! exclamaram os irmãos mais velhos.

E Deífobo manifestou dúvidas sobre se a criança não poderia vir a sofrer danos com o companheiro que crescia ao seu lado.

Perguntaram a Cassandra onde ela encontrara o animal.

— Não o achei, foi a sua resposta. Ele estava aí.

Ao pai ela contou, em resposta às suas perguntas, mais pormenores sobre a sua vivência.

— Eu estava sozinha e solitária, disse ela confiantemente. Antares e Roxor faziam-me falta. Desejei muito um animal para mim, mas um que eles não me pudessem tirar. Deveria ser forte para poder defender-se.

— A quem confiaste esses desejos? queria saber o pai.

— A ninguém, asseverou a menina. Eu os cantava a meia voz, sempre de novo. Sabes, desse modo eles se realizam... e assim foi também dessa vez! finalizou Cassandra, respirando aliviada.

— O que aconteceu após teres cantado? indagou o pai a seguir.

— Isso não sei. Eu ainda cantava; nisso aproximou-se de mim uma belíssima mulher, que apareceu entre os penhascos e disse:

"Vai agora para casa, Cassandra. No caminho se juntará a ti um cão. Ele foi testado e é fiel, não obstante ainda ser novo. É um presente que te dou!" Depois a mulher desapareceu. Eu corri rapidamente pelo caminho e de repente veio pulando Astor. Então eu fiquei muito contente.

— Eu também me alegro que tu tenhas achado novamente um companheiro, Cassandra, disse o pai bondosamente.

Mais tarde ele falou com Hécuba e com os filhos, e pediu-lhes que deixassem o cão com a pequena.

— Estou certo de que a própria Ártemis o mandou a ela, fundamentou ele o seu pedido.

Astor e Cassandra tornaram-se inseparáveis. Ele era a melhor proteção em suas andanças. Era para todos uma tranquilidade saber que ele estava com a criança.

—Onde está Cassandra? perguntou um dia Hécuba, muito irritada.

Ela facilmente ficava nesse estado, e então as criadas cruzavam o seu caminho o menos possível. Nesses dias também procuravam proteger a criança, enquanto não revelavam o seu paradeiro. Porém, hoje havia fundamento quando afirmavam não terem visto a pequena em lugar nenhum.

Zangada, a rainha deixou o aposento no qual trabalhavam as moças que foram interrogadas. No entanto, Dínia, que se achava no meio delas, estava bem preocupada.

— Sabeis se Astor está com ela? indagou receosa.

As moças riram.

— Ela nunca sai sem Astor! opinaram.

Era verdade. Desde que o cão estava no palácio, nunca se vira a pequena senhora sem ele.

— Podes ficar bem tranquila, Dínia, ele não deixa acontecer coisa alguma à criança, e também achará o caminho de volta, se por acaso ela se perder.

Após ter executado o seu trabalho, Dínia saiu à procura de Cassandra. Ela foi até o lugar preferido da pequena, no meio dos recifes. Não se via a criança, nem o cão. Não se ouvia nenhuma resposta à sua chamada.

"Talvez eles tenham voltado nesse ínterim", tranquilizou-se ela.

Todavia, no palácio nada se sabia dos dois. Nisso veio uma das moças com a notícia de que do outro lado, atrás dos estábulos, um cão uivava desesperadamente. Ela supunha que fosse Astor. Depressa, Dínia acompanhou a moça, que a conduziu através dos pátios. Então se ouviu nitidamente o desesperado latir e uivar de um cão trancado. Sem dúvida, era Astor.

Os lamentos vinham de um galpão que não era mais usado e que estava cheio de trastes velhos. Penosamente, as duas moças trilharam o caminho até lá. A porta estava trancada com pesados utensílios, vigas e outras coisas semelhantes.

— Espera, Astor! disse Dínia, consolando-o. Já estou indo ao teu encontro.

O inteligente animal cessou imediatamente de ganir. Apenas soltava, de vez em quando, um leve gemido como sinal de que a espera lhe parecia muito demorada. Finalmente foi conseguida uma pequena abertura e, impetuosamente, Astor passou à força. Ele tinha um aspecto horrível: estava empoeirado e sujo. Nos pelos estavam grudadas crostas de sangue seco. Alegre, ele pulava em volta daquela que o libertara, lambendo-lhe impetuosamente a mão, e em seguida correu dali com largos saltos; todavia, ele mancava.

— Ele procura Cassandra. Portanto, ela não está aqui dentro, disse Dínia mais sossegada, acrescentando, contudo:

— Ele está ferido. O que poderia ter acontecido com ele?

— Talvez se tenha machucado nas tentativas de se libertar, opinava a moça.

Mas Dínia não se deu por satisfeita.

— Ele foi preso à força. Quem teria feito isso? E por quê?

O enigma não tardou a ser decifrado. Após breve lapso de tempo, Astor correu novamente pelo pátio. Ele estava exausto, e o mancar piorara. Também parecia como se uma das suas feridas se tivesse aberto, pois sangrava bastante.

Deífobo foi o primeiro a acercar-se dele.

— Astor, pobre Astor, o que aconteceu contigo? Onde está Cassandra?

O cão abanava o rabo, olhava suplicante para o indagador e, por fim, agarrou-o pelas vestes com os dentes. Isso o jovem entendeu.

— Devo ir contigo? O cão soltou um curto latido. Pois bem, te acompanharei. Mas primeiro deves beber água.

Deífobo encheu rapidamente com água uma vasilha que estava no chão. Sôfrego, o cão bebeu. Porém, sua sede mal podia estar saciada, e ele já alertava por meio de latidos e puxadas nas vestes que queria ir embora. Ele corria tão rapidamente que Deífobo quase não podia segui-lo.

Tinham de percorrer um longo trecho. Então o irmão ficou inquieto. Onde podia estar a pequena irmã? Estava contente por Astor ter encontrado justamente ele. Já cuidaria para que Cassandra ficasse impune, caso tivesse feito algo errado. O caminho conduzia cada vez mais adiante. A pequena nunca se afastara tanto de casa.

— Astor, ó companheiro irracional, como pudeste deixá-la ir tão longe? repreendia ele amavelmente. Não sabia que o cão não tinha acompanhado sua dona.

Finalmente, o animal desviava-se do caminho e conduzia seu acompanhante entre os penhascos, que aqui apontavam perigosamente das águas.

Ali estava deitada Cassandra, com a roupa molhada, sobre um pequeno banco de areia. Rastros úmidos levavam até lá. Aparentemente o cão a puxara da água. Os belos olhos da criança estavam fechados, e profunda palidez cobria-lhe a face. O que teria acontecido?

Com um grito de dor, Deífobo levantou a irmãzinha do chão. Ele não perdeu tempo para verificar se ainda respirava. Carregando a menina nos braços, ele percorreu, com grandes passadas, o caminho de volta para casa. A seu lado arquejava o cão.

"Tomara que ninguém nos veja!", desejou Deífobo, que se empenhava em resguardar Cassandra de reprimenda.

Perto do castelo refreou sua corrida e andou furtiva e cuidadosamente por trás da ala das mulheres, onde encontrou Dínia. Eles deitaram a pequena sobre a sua cama e auscultaram ansiosos as batidas do coração. Graças aos deuses! Ela estava viva!

— Presta assistência a Cassandra, Dínia. Eu cuidarei do cão.

O jovem deixou o aposento, e carregou nos braços o cão que estava completamente exausto, dirigindo-se para um recinto, onde podia lavá-lo.

— Quem te maltratou assim, pobre animal? murmurava ele a meia voz, quando sob suas zelosas mãos apareceram feias feridas. Deves ter sido maltratado cruelmente!

Só depois que Astor estava limpo, com curativos nas feridas e deitado sobre travesseiros macios, dirigiu-se Deífobo à irmã. Encontrou Dínia muito aflita.

— A pequena está muito doente, disse ela. Deves comunicá-lo a Príamo, para que mande buscar um médico.

Cassandra virava-se no leito de um lado para o outro e murmurava palavras confusas e desconexas. Quando o irmão se aproximou, ela deu um grito estridente e estendeu as duas mãos como que em defesa. Deífobo assustou-se. O medo da pequena magoava-o. Nunca lhe demonstrara outra coisa a não ser amor.

— Não fiques pesaroso por causa disso, Deífobo, consolava-o Dínia. Ela não sabe o que está fazendo. Eu temo que Polidoro não esteja sem culpa naquilo que aconteceu, e ele é muito parecido contigo.

Príamo veio com o médico, o qual demonstrou o seu zelo profissional. Em silêncio o rei olhava para a delirante criança, e a dor que sobreveio à sua alma fê-lo ficar consciente de que a filha mais nova era, para ele, o que de mais querido possuía sobre a Terra.

Nisso o médico concluiu os seus exames; com voz baixa deu instruções a Dínia e em seguida deixou o aposento, em companhia do rei.

— Será que Cassandra vai morrer? perguntou Príamo com voz trêmula.

— Isso eu não sei, soou a resposta pouco consoladora. Se soubesse o que ocorreu com ela, antes de cair no profundo desmaio em que Deífobo a encontrou, então eu poderia mais facilmente tirar uma conclusão sobre o seu padecimento. Devemos aguardar o que a noite trará.

— Mandarei fazer oferendas aos deuses. Minha predileta não deverá morrer.

O rei dirigiu-se apressadamente ao templo, a fim de ordenar pessoalmente todo o necessário. Afigurava-se para ele mais fácil o esperar, se nesse ínterim agisse em favor da criança.

A NOTÍCIA sobre o enigmático adoecimento de Cassandra tinha-se espalhado rapidamente. Agora também a mãe chegara a saber disso.

— Vós dais demasiada importância à pequena! disse ela sem pensar.

Assustou-se, porém, quando se aproximou da cama e quando escutou as palavras que a menina murmurava.

Dínia, que percebera o susto, teve esperança de que a rainha sentisse que também ela estava fortemente afeiçoada à criança, e a bondosa regozijava-se com isso. Talvez houvesse depois para Cassandra dias mais fáceis e mais luminosos. Nesse caso ela abençoaria essa terrível doença. Que a menina pudesse vir a falecer, nisso Dínia não pensou em nenhum instante.

O espanto da rainha não era devido ao periclitante estado de Cassandra. Ela havia escutado, entre as palavras desconexas, o nome de Polidoro e percebeu como era grande o medo da pequena diante do irmão, o qual obviamente lhe causara algum mal.

Se os outros ouvissem o mesmo, então isso poderia tornar-se perigoso para Polidoro. Além disso, Príamo era rigoroso com seu filho mais novo, cuja índole contrastava com a sua. Em vista dessas ponderações, a rainha proibiu que, além do médico e Dínia, alguém entrasse no aposento. Até mesmo ao rei deveria ser vedada a entrada.

— A criança deve ter absoluto sossego, senão não poderá se restabelecer, inculcou ela na serviçal, que, satisfeita com os cuidados de Hécuba, prometeu proceder de acordo com as suas ordens.

A mãe mandou chamar Polidoro ao seu aposento. Demorou até que ele viesse. A culpa estava escrita em sua testa.

— Ela morrerá? foram suas primeiras palavras.

Então a mãe soube que seu filho predileto era o culpado dessa enigmática doença. Agora o que importava era fazê-lo confessar, a fim de que ela pudesse protegê-lo eficientemente.

Ela sentou-se sobre uma cama e puxou o jovem para o seu lado.

— Conta-me direito o que se passou entre ti e Cassandra, insistiu ela, sem responder à sua pergunta.

Ele silenciou obstinadamente. Teria gostado de saber até que ponto a mãe estava informada, para basear nisso o seu relato. Todavia, Hécuba conhecia o filho e por isso ficou calada. Esse silêncio começou a se tornar oprimente.

Polidoro não estava inteiramente estragado; apenas mal-acostumado e egoísta. Para ele o amor da mãe valia tudo, e não queria perdê-lo. Assim, começou finalmente a narrar. Hécuba não o interrompeu com nenhuma palavra e com isso conseguiu dele uma confissão mais completa do que se o tivesse interrogado continuamente.

— Eu quis sair a cavalo, começou a falar hesitantemente. No pátio encontrei o par inseparável: Astor e Cassandra. Para a pequena eu não ligo muito, mas gosto de provocá-la, porque ela funga como uma gata selvagem, quando fica brava. Isso me dá prazer.

Um olhar furtivo dirigiu-se à mãe: como ela aceitaria isso? Por ela não ter dito nada, ele continuou, mais confiante:

— Não gosto do cão. Isso é recíproco. Surgiu-me um plano de como eu poderia dificultar um pouco a vida de ambos. Pedi a Cassandra que buscasse uma agulha que eu havia deixado no meu aposento. Prontamente a pequena se pôs a correr para lá. Nesse ínterim chamei o cão, agarrei-o e arrastei-o para o velho galpão, onde se guardam as coisas velhas. Quando notou a minha intenção de prendê-lo lá, ele ficou feroz. Manifestou-se sua verdadeira natureza. Tive que me defender e bati nele. Talvez as batidas tenham sido mais violentas do que pretendia, porque de um momento para o outro ele caiu. Considerei-o morto e joguei-o no galpão. Depois tranquei a porta com paus, para que ninguém o achasse logo. Cassandra devia pensar que ele tinha fugido.

Hécuba, que ainda não sabia nada sobre o mau trato infligido ao cão, arrepiou-se, apesar de tudo, ante tanta crueldade interior. Mas persistentemente continuava calada, e Polidoro prosseguiu:

— Justamente quando cheguei de novo ao pátio, Cassandra estava de volta. Imediatamente ela começou a chamar o seu Astor. Nisso a peguei e a sentei sobre o cavalo, na minha frente. "Tu gostas tanto de cavalgar, Cassandra", disse eu, "e agora vamos fazer uma longa cavalgada". "É verdade, eu gosto de cavalgar, mas não contigo", replicou a menina. Isso me deixou zangado. Agarrei-a mais firme e deixei o cavalo correr. Mais e mais nós nos aproximávamos dos recifes. Isso eu não tinha intencionado, porém o cavalo correu numa disparada; eu tinha perdido o controle sobre ele.

Quando finalmente o cavalo estacou, exausto e trêmulo, e eu quis volver-me para descobrir o caminho de volta, notei que Cassandra pendia desmaiada na minha frente. E ainda antes que eu pudesse pensar o que deveria fazer com a criança, ela escorregou da sela e caiu perto da água, sobre areia e pedras. Foi horrível!

Polidoro horripilou-se. Então finalmente a mãe falou:

— Não sentiste o desejo de socorrer a pequena?

— Acho que não, mãe. Eu quis ir embora do terrível local. Se Cassandra estivesse morta, eu não poderia ajudá-la.

Hécuba suspirava. Agora o momento não lhe parecia propício para repreender Polidoro por causa de sua culpa. Assim deixou-o prosseguir com seu relato.

— Quando enfim consegui voltar para casa, soube que o cão de alguma maneira escapara do galpão, procurara e achara Cassandra. O cão estaria à morte e Cassandra também. Mãe, isso é horrível!

Nesse instante irrompeu do seu íntimo o pavor sobre o seu ato! Polidoro começou a chorar e agarrou-se à mãe.

— Acalma-te, meu filho, os deuses hão de nos ajudar. O pai já mandou fazer oferendas. Dínia trata de Cassandra, e sua mão habilidosa está sempre fadada ao êxito. Deífobo cuida do cão. Enxuga tuas lágrimas e não deixa ninguém ter conhecimento do sucedido. Desse modo também ninguém suspeitará de ti. Eu te protegerei.

Incrédulo, o filho fixava os olhos na mãe. Estava ela certa daquilo que lhe propunha? Deveria ele ocultar covardemente o seu ato? Como poderia ele alguma vez se defrontar com o pai, se guardasse silêncio? Que ele tivesse agido em estado de súbita ira e que tivesse entregado a menina ao seu destino, sem ajuizar, isso era suficientemente grave; contudo, ele tinha feito isso movido por um impulso de momento. Se, porém, silenciasse de propósito, então não seria mais digno de ser filho de Príamo. Isso a mãe deveria compreender!

Ela não compreendeu. Implorava em vão que ele ficasse calado por amor a ela.

— Se isto representa para ti um sacrifício tão grande, exclamou ela, não mais senhora de si, então aceita-o como castigo pelo teu delito. Esta tua culpa ficará com isso reparada e...

O que ela queria dizer em continuação, isso o filho não ouviu mais. Com passos firmes, ele deixou o aposento. Dirigiu-se diretamente a Príamo e narrou-lhe aquilo que aconteceu, mais explícito, mas também mais arrependido do que o tinha feito na presença da mãe. E o pai, que julgava ter de olhar num abismo de maldade, consolava-se com o pensamento de que seu filho o procurara espontaneamente. Assim, não estava perdida toda a esperança de que ele se corrigisse.

Juntos dirigiram-se ao aposento no qual Cassandra ainda se achava em estado febril. Dínia queria impedir-lhes a entrada; no entanto, Príamo empurrou-a amavelmente para o lado.

— Ninguém pode impedir-me de ver a minha filha.

Após poucos minutos de permanência junto à cama da pequena, ele soube por que a rainha quisera isolar Cassandra dos outros. A pequena chamava angustiada por Astor, pedia e suplicava que Polidoro a deixasse descer do cavalo.

"Para onde cavalgamos?", perguntava ela repetidas vezes. Então estremecia e gemia. "Oh! já atingimos a água!"

Polidoro, que ficara parado na porta, sofreu horríveis tormentos, mas estes revolveram o solo em sua alma. Subitamente, via diante de si os seus erros, como na mais clara luz, e nele despertou o propósito de se tornar melhor.

Esse dia e a noite seguinte foram, para ele, um ponto de transição em sua vida. Perante o pai ele sentiu grande veneração. Príamo procedeu com ele como com um velho amigo, isso o filho nunca esqueceu. A par disso desabrochou em sua alma o amor pela pequena irmã, na qual reconheceu o presente de Deus, que fora dado a todos. Isso não se processou de uma só vez, porém devagar e continuamente cresciam amor e reconhecimento. Na mesma medida apagava-se nele o amor à mãe, a qual não lhe significava mais nada. Não se contrapôs a ela, mas ela sentia a sua indiferença, e esta lhe parecia pior do que o ódio.

Cassandra convalescia aos poucos; com espantosa lentidão voltava a sua consciência. Ela reconheceu o pai e sorriu para ele. Mas quando Hécuba entrava no aposento, então a criança virava a cabeça para o lado ou fechava os olhos.

— Com a doença ela se tornou ainda mais teimosa, disse Hécuba irritada, e aparecia cada vez com menos frequência.

Um dia Cassandra perguntou por Astor.

— Onde ele está, por que não vem?

— Polidoro irá trazê-lo para ti, disse o pai com alegria.

Tinha sido para ele um mau sinal que a pequena aparentemente houvesse esquecido o seu companheiro.

— Polidoro? perguntou Cassandra, pensativa. Polidoro? Astor não gosta dele e não quererá acompanhá-lo.

Contudo, junto com Polidoro entrou Astor no aposento e quase sufocou a pequena senhora com seus afagos. E, pela primeira vez, ela jubilava de novo. Das graves feridas do cão, não se via mais nada; só ficara magro. Cassandra lançou um olhar sobre Polidoro, o qual estava ao lado da cama, com lágrimas nos olhos, e perguntava enternecido:

— Tu podes perdoar-me, pequena?

Isso era demais para o coração carinhoso dela, que estendeu as duas mãos ao seu encontro.

— Tu apenas quiseste me dar uma alegria, Polidoro; só não compreendi isso logo!

O irmão queria contradizer, mas o olhar de Príamo fê-lo abster-se de confessar a sua culpa, e assim foi evitado que com isso a pequena fosse assustada novamente. Ele silenciou, mas a partir desse dia fez tudo o que estava ao seu alcance para alegrar a irmã.

Juntamente com Deífobo, carregou a pequena, que emagrecera espantosamente, e deitou-a ao ar livre, debaixo de frondosas árvores. Trazia flores, frutas e mariscos para ela; trançou uma coleira para Astor e uma cestinha para ela. A convivência entre os irmãos tornou-se para ambos venturosa. Polidoro incluiu-se espontaneamente no círculo dos filhos do rei que se agrupavam em torno de Cassandra, e este círculo agora se ampliou ainda mais, através de Heitor e Páris.

Para a criança convalescente iniciou-se uma época feliz, e com o revigoramento das forças, também retornou a traquinice. Não passava um dia sem que os irmãos tivessem que relatar ao pai, que escutava contente, qualquer ideia divertida da mais nova.

Agora Cassandra já tinha visto vir e passar cinco verões. Ela crescia e, apesar da sua enfermidade, continuava sendo uma criança alegre. Tudo em redor dela estava em movimento; os densos cachos agitavam-se em volta da cabeça, os olhos irradiavam alegria e a boca rosada tagarelava ou cantava. Quando tinha de parar em pé, então ela se balançava sobre as pontas dos pés, "qual um pássaro que quer levantar voo", dizia Dínia.

"Passarinho", chamava-a o pai, o qual escutava com alegria a sua voz, e "passarinho" chamavam-na também os irmãos, que se haviam tornado, todos eles, servos solícitos da pequena e peralta irmã.

Apenas Creusa e Laódice se mantinham afastadas do círculo que os irmãos formaram em torno da pequena. Ainda mais firme as duas se uniram à mãe, a qual, rancorosa, permaneceu de lado. O que havia nessa criatura para que todos se dedicassem servilmente a ela? Contrariada, ela pensava nisso muitas vezes e um dia expressou esse desgosto em palavras, perante Príamo.

Estupefato, o rei encarava a sua esposa. Sua vida passava tão exclusivamente em sua atividade, que ele quase não se apercebeu do abismo que se abrira em sua família.

— O que há com Cassandra? interrogou ele de sua parte. Ainda não ponderei sobre isso. Alegro-me com o seu encanto assim como gozo os raios do Sol e respiro o precioso ar. Como pode acontecer que tu, a mãe, te feches ao encanto que promana dessa criança? Eu sempre acho que um aposento fica luminoso quando Cassandra entra nele. Será que tu realmente não sentes isso?

— Eu sinto que essa indesejada criança desvia vossos corações de mim. Ela é o centro da família. Tudo caminha como ela quer!

Irritada ao extremo, a rainha proferiu essas palavras.

— Cassandra falta com o devido respeito para com a mãe? perguntou o rei com seriedade. Para ele não havia nada mais repelente do que insubordinação ou teimosia. Que uma criança tão pequena já possa opor conscientemente a sua vontade contra a tua, isso me parece inconcebível.

— Não creio que ela o faça conscientemente, admitiu a rainha. Mas os outros fazem tudo o que ela quer. Ela não falta com a obediência, contudo o seu comportamento poderia ser imbuído de mais respeito e modéstia. Quando a comparo com Creusa ou Laódice, então não compreendo como ela pode ser preferida. Especialmente Creusa promete se tornar uma beldade.

— Para mim basta a graciosidade de Cassandra. Nenhum dos nossos filhos foi tão lindo e amoroso como ela, disse o rei com desacostumado calor.

Hécuba achou de bom alvitre interromper a conversa. Nesse instante entrou Laódice impetuosamente no aposento, arrastando Cassandra atrás de si. Ela assustou-se por não encontrar a mãe a sós. O pai, que sempre estava a favor da pequena, estorvava-a. No entanto, dessa vez ele se convenceria de que a menina merecia um sensível castigo.

— O que fizeste, Cassandra? indagou a mãe ao ver a criança. Que impressão tu dás!

O aspecto que a pequena oferecia era de fato estranho. Os cabelos espalhados pendiam sobre o rosto vermelho, e pingava água das vestes, as quais estavam cobertas de plantas trepadeiras esverdeadas. Na saia levantada, a criança segurava cuidadosamente algo que pingava.

— Assim encontrei esta criatura inútil no tanque do pátio! exclamou Laódice. Ela vinha justamente toda molhada, da água malcheirosa e coberta por vegetação. É incrível!

— Em todo caso a água que escorre de Cassandra se prestaria melhor para o pátio do que para os aposentos de vossa mãe, censurava o pai. Vai, pequena, e deixa Dínia mudar tua roupa; depois podes voltar e contar a tua mãe como caíste no tanque.

Obediente e grata, Cassandra virava-se para ir, porém Hécuba não a deixou sair.

— Uma vez que já está tudo molhado, que ela conte imediatamente o que fez, determinou a mãe. Mostra o que juntaste lá!

Hécuba quis tomar-lhe aquilo que ela segurava na saia; todavia, a pequena desviou-se com habilidade e dirigiu-se ao pai.

— Vê, pai, o que eu tenho, disse ela. Os homens derrubaram a velha árvore na beira do tanque. Nessa ocasião caiu isto na água.

Ela estendeu a saia. Aí apareceu um ninho de regular tamanho, no qual se achavam quatro filhotinhos ainda desnudos, que abriam seus bicos, piando.

Príamo aproximou-se mais.

— Esses são passarinhos que trazem sorte, menina. Está certo tu os teres salvado, elogiou ele, alegre.

Laódice trocou um rápido olhar com a mãe. Em seguida Hécuba tomou a palavra:

— Um filho de rei, ainda mais uma filha, não devia entrar no tanque por causa de alguns passarinhos desnudos, ralhou ela. Tu nunca aprenderás o que convém! Toma finalmente o exemplo das tuas irmãs mais velhas!

Cassandra baixou a cabeça. Oferecia um aspecto lastimável. Contemplava entristecida os quatro bicos abertos. Nesse momento zumbiu um besouro pelo aposento. Com uma exclamação de alegria, Cassandra olhou em redor. A quem poderia confiar seu precioso tesouro? A mãe? A Laódice? Não, o pai era o de mais confiança! E ao pai, o qual não contava com isso, ela entregou nas mãos o ninho com seus ocupantes.

— Por favor, segura-os! Mas com cuidado! acrescentou ela quando viu o movimento desajeitado que o surpreendido rei fez.

Sem se incomodar com a roupa molhada, ela começou uma afanada caça ao besouro, o qual só se deixou pegar após longos esforços. Ela era a graciosidade corporificada. Os olhos do pai repousavam com encanto sobre a flexível figura de criança, que se arcava, virava e estirava, e se debatia, absorta, para arranjar alimento aos esfaimados protegidos.

Agora ela conseguira pegar o besouro, e sem hesitar enfiou-o no bico do passarinho mais próximo. A pequena apreciou rindo como os três outros filhotinhos arrancavam o petisco do bico do favorecido.

— Como eles são espertos! Agora todos ganharam um pouco! jubilava Cassandra.

Mas a mãe ralhava seriamente:

— É concebível que tu coloques nas mãos do rei tal imundície? Ela estava revoltada. E olha como está agora o meu aposento! O que irás fazer depois, Cassandra? inquiriu ela severamente.

— Pegar mais besouros, a fim de que os outros também recebam alguma coisa! replicou a pequena, convencida de que acertara.

O pai teve que se retirar dali, para ocultar o seu sorriso. Hécuba, no entanto, continuava a repreender e falava cada vez mais irritada. Príamo pôs um fim a isso, pois mandou chamar Dínia e entregou-lhe a criança molhada e sua presa.

Os irmãos, quando souberam do episódio, prepararam uma armação que servisse para abrigar o ninho no jardim. Eles ajudaram bondosamente na busca de besouros e minhocas para os insaciáveis gritadores, até que um dia Cassandra anunciou, radiante de alegria, que os pássaros adultos achegaram-se novamente ao ninho.

— Isso era necessário, opinava ela com precocidade. Eu não lhes poderia ter ensinado a voar!

Contudo, Dínia declarou que nunca acontecera de pássaros retornarem depois de alguns dias para se encontrarem de novo com os seus filhotes. Cassandra deveria ser uma criança abençoada.

Não obstante a pequena ter agora entregue ao casal de pássaros o cuidado de seus filhotes, permanecia ela, cada dia, demoradamente, diante do ninho e observava as avezinhas. Os filhotes estavam tão confiantes, que pousavam sobre suas mãos e ombros, e, através deles, os pássaros adultos também se familiarizavam com a criança. Sim, mais ainda; também vieram outros pássaros para junto dela. Assim que Cassandra aparecia, eles rodeavam-na voando e procuravam obter um lugarzinho sobre os seus ombros.

Em pouco tempo a menina aprendeu as vozes dos pássaros. Ela gorjeava e trinava, numa competição com o bando emplumado. Astor, que nunca faltava, compreendeu que não deveria assustar os pássaros. Ele sentava-se ou deitava-se quieto perto da sua senhora, enquanto esta brincava com os pássaros. Quando se cansava desse entretenimento, então ela levantava as mãos. Astor pulava para cima e soltava um rápido latido, e todo o bando se dispersava.

Certa vez, após um tal trinado de pássaros no jardim, ela correu ao pátio, para ali se divertir, e encontrou-se com um pastor que carregava um cordeirinho, o qual balia dolorosamente.

— Oh! por que ele faz assim? O que ele tem? indagou Cassandra.

— Ele quebrou uma perninha, pequena princesa, disse o pastor cordialmente.

— Ah! pobre animalzinho! lastimava a pequena.

Ela estendeu a mão para o membro machucado. O pastor quis impedi-la.

— Não se deve pegar num osso quebrado, dizia ele. Isso dói ao animalzinho.

— Se eu o toco com a mão, ele ficará melhor, disse Cassandra calmamente.

E com a mesma serenidade ela pegou a perninha pendurada e envolveu-a com a sua mãozinha.

O cordeirinho parou de balir. Poucos minutos depois, até esfregou sua cabecinha lanuda no ombro da criança, como que para expressar a sua gratidão. Surpreso, o pastor percebeu-o; isso parecia-lhe como se fosse um milagre. Cassandra acariciou o cordeirinho e correu dali.

Já por várias vezes tinha acontecido que a mão da criança aliviasse dores. As criadas comentavam que uma bênção especial dos deuses repousava sobre a menina.

Cassandra, no entanto, alegrava-se em poder ajudar. Para ela, isso era natural. Tudo o que estava desamparado ela amava quase apaixonadamente. Animais novos e crianças pequenas proporcionavam-lhe prazer.

— Quando eu for grande, quero ter vinte filhos e quarenta filhas, manifestou ela um dia.

Interrogada por que desejava mais filhas do que filhos, disse ela sem pensar:

— Rapazes são uma carga tremenda!

Todos riram, mas a pequena se ofendeu com isso.

— Os adultos também nem sempre são agradáveis, enunciava ela, e diante disso as risadas aumentaram.

Praxedes consolava-a:

— Pois deixa que se riam, Cassandra. Eles não sabem fazer melhor. Mas a mim tens de dizer por que, não obstante, desejas ter vinte rapazes, se tu os sentes como uma carga.

— Dínia disse que não se deve desejar somente o agradável; também se deve aprender a suportar o desagradável, declarou ela.

— Nós nem sabíamos, pequena, que somos tão desagradáveis para ti, gracejou o grande Heitor, inclinando-se amavelmente para a irmãzinha.

— Vós sois irmãos! concluiu Cassandra. Irmãos são queridos, mas filhos são desagradáveis.

DÍNIA dormia no quarto contíguo ao aposento de Cassandra. Antes de deitar-se para dormir, ela se aproximava da cama da pequena e alegrava-se com o seu sono tranquilo. Às vezes parecia à fiel como se véus róseos flutuassem em volta da cama ou como se as mãos da criança pegassem em rosas. Ao concentrar seu olhar com mais atenção, esse quadro encantador desaparecia.

Uma noite ela entrou novamente no dormitório da pequena, no qual a lua cheia lançava seus raios prateados. A cama da menina estava vazia. Travesseiros e cobertores estavam jogados em desordem, como se tivessem sido sacudidos tempestuosamente.

"Talvez Cassandra queira gracejar comigo", pensava Dínia e começou a procurar debaixo dos cobertores, e ao redor, no aposento. Somente quando a busca foi infrutífera, ela passou a ficar preocupada. "Onde poderia estar a criança?"

A porta para o terraço estava apenas encostada. Dínia foi para fora e olhou em volta. O luar pairava prateado sobre a cidade; no horizonte cintilava o mar e as ondas reluziam. A noite estava silenciosa, nenhum ruído se ouvia nos estábulos.

Mas agora! O que era isso? Um longínquo e suave cantar penetrava em seus ouvidos. Sem dúvida, essa era a voz de Cassandra! Sem refletir, Dínia correu de volta ao aposento e de lá, por uma escada, dirigiu-se ao jardim.

Também este estava iluminado como de dia; borboletas noturnas voavam em torno de alguns arbustos, que exalavam um doce perfume. Um pássaro cantava graciosamente. Ao seu canto juntavam-se sons que vinham de um ser humano, mas que eram de uma maravilhosa ressonância extraterrena.

Do outro lado, na beira do bosque, estava parada Cassandra, com traje leve e com os pés descalços. Ela mantinha a cabeça inclinada para trás e imitava o pássaro, que pousava num galho balanceante, na sua frente. Todos os arbustos em sua volta estavam traspassados por raios de uma luminosidade como Dínia jamais havia visto.

Lá, donde provinham esses raios, parecia estar parada uma figura. Dínia contemplava demoradamente o grupo, sem se mexer. Nisso levantou-se uma brisa e fez esvoaçar o vestuário leve de Cassandra. Na pajem manifestou-se a preocupação. Ela aproximou-se devagar da menina e chamou. Num instante todo o esplendor se apagou, e a luz do luar parecia fria, em comparação com aquilo que iluminara o local anteriormente.

A criança voltou-se lentamente, com os olhos muito abertos.

— Por que me estorvas? perguntou ela em tom quase lamentoso.

— Uma menina pequena deve estar dormindo a essas horas; é noite e a brisa começa a soprar.

— O luminoso me chamou, disse Cassandra, ainda com uma voz que parecia soar de longe. Ele queria nos ensinar a nova melodia.

— Quem estava contigo, Cassandra? Tu dizes "nós".

— O passarinho aprendia comigo; quase sabíamos a bela melodia. Nisso tu vieste e estragaste tudo.

— Quem é o luminoso? continuou Dínia a indagar implacavelmente.

A cada resposta o espírito da criança retornava mais e mais, isso ela pôde ver nitidamente.

— O luminoso é... o luminoso. Eu não sei explicar de outro jeito. Há muito tempo que ele vem ao jardim e me ensina a cantar. Ele é belo, amável e bondoso.

A menina silenciou por um instante; depois ela arremessou-se com a costumeira impetuosidade nos braços de Dínia.

— Estou tão cansada! Quero dormir.

A serviçal carregou a criança cuidadosamente de volta ao palácio. Antes de deitá-la, ela já dormia.

Mas Dínia não pôde conciliar o sono. O que poderia estar se passando com a criança? A quem ela deveria dirigir-se? A Hécuba tudo deveria permanecer oculto, o maior tempo possível.

Na manhã seguinte, Dínia procurou o rei e relatou-lhe a vivência noturna. Príamo era um homem de ação, que não estava afeito a qualquer devaneio. Não obstante, ele nunca ajuizava precipitadamente sobre tais coisas.

— Consultarei o sumo sacerdote, Dínia. Não fales mais com Cassandra sobre isso. Talvez essas aparições se afastem quando ela ficar mais velha.

O sumo sacerdote, um homem idoso e digno, atribuiu ao caso a mais alta importância.

— A criança é uma favorita dos deuses, disse ele entusiasmado. Basta que se olhe para ela, então se sabe que na sua alma reside algo de divino. Talvez o Olimpo a tenha enviado a esta Terra para que ela traga bênção aos homens. Agora os deuses têm saudades dela e visitam-na. Sou da opinião de que a figura luminosa é Apolo.

Nessa oportunidade Príamo se lembrou das profecias do pastor, por ocasião do nascimento dessa filha. Também este tinha falado da bênção que a criança significaria para Troia. Para ele, não era mais improvável que os deuses se aproximavam da criança. Que trouxessem bênçãos a ela! Ele, Príamo, não tinha a intenção de diminuir a felicidade da criança.

Ele falou com Dínia e recomendou-lhe que duplicasse a vigilância sobre a pequena. Também falou com alguns dos irmãos e pediu-lhes que cuidassem para que a mãe não chegasse a saber nada disso.

— Ela não compreende nosso passarinho, disse ele com ternura. A criança é um presente dos deuses. Nós não somos dignos de que ela permaneça em nosso meio.

Os irmãos concordaram. Heitor contou que seu cavalo, Ájax, tinha pisado num espinho. Não havia quem ousasse arrancar o espinho.

"Se tu segurares a pata, Heitor, então eu tirarei o espinho", teria dito Cassandra, e logo após suas palavras se seguiu a ação.

— Ela acha tudo o que se perde no palácio ou no jardim, enalteceu Praxedes. Se alguém lhe diz que falta alguma coisa, então ela corre imediatamente para procurar. Mas nunca precisa vasculhar muito. Parece como se soubesse de antemão onde poderia ser encontrado o objeto perdido.

— Passei ontem por uma experiência extraordinária com ela, relatava Deífobo. Eu queria ir à caça. No pátio encontrei Cassandra. Seu semblante tinha aquela aparência velada que apresenta de vez em quando, ultimamente. Ela me olhou quase horrorizada e disse:

"Deífobo, hoje tu não deves cavalgar! Teu cavalo hoje não tem passos firmes. Ele cairá e quebrará uma perna. Tu também correrás perigo se estiveres montado nele."

Eu me ri dela, prosseguiu Deífobo. Mas para meu próprio prejuízo! Ainda não havíamos seguido um trecho muito longo, quando meu cavalo começou a tropeçar. Lembrei-me da advertência de Cassandra; quis dar a volta e cavalgar para casa. O cavalo opôs-se. Então desci para pegar na sua cabeça e forçá-lo a voltar. No mesmo instante o animal caiu desditosamente, quebrando as duas pernas dianteiras. Não sei ainda se posso conservá-lo.

Os irmãos ficaram admirados, como também Príamo. O último indagou:

— E qual foi a atitude de Cassandra no teu regresso?

— Diferente do que se pode esperar de uma menina de cinco anos. Ela veio ao meu encontro e disse:

"Vê, Deífobo, assim sucede quando se despreza a admoestação dos deuses. Quando decidiste voltar, já era tarde!"

A fala de Cassandra me pareceu singular. O que uma criança tão nova pode saber da advertência dos deuses! Para testá-la, perguntei:

"Onde então iniciei o meu caminho de regresso?"

Em seguida ela me descreveu detalhadamente o lugar, como se ela tivesse estado presente. Perplexo, perguntei quem havia contado tudo isso. Essa pergunta pareceu despertá-la de seus sonhos.

"Tu não deves perguntar assim", disse ela lamentando, "isso me causa dor".

Profundamente meditativo, Príamo retirou-se dali. Superabundantes afazeres fizeram-no esquecer-se logo do diálogo e dos pensamentos motivados por ele. Os outros, porém, ainda conversaram demoradamente sobre a pequena irmã. Cada um sabia contar alguma coisa diferente sobre a sua originalidade. Contudo, ninguém a criticava; pelo contrário, ela se tornou para todos ainda mais preciosa.

Eles estavam prestes a separar-se, quando Cassandra veio apressadamente em direção ao lugar onde eles se encontravam.

— Ainda bem que encontrei todos juntos, bradou ela ofegante. Tendes de ajudar-me! Oh! por favor! No cercado, onde as galinhas coloridas passeiam com seus pintinhos, apareceu um terrível animal que quis morder os pequenos. Aticei Astor contra o intruso. Ele acuou o bicho dentro do cercado. Agora ele está deitado no chão e Astor está em cima dele, segurando-o, mas o bicho se defende tremendamente, e por fim também morderá Astor.

Os irmãos muniram-se com paus e correram para socorrer o valente cão. Chegaram no momento exato. O animal, um grande chacal, acabara de se livrar e atacava o cão. Os irmãos mataram o animal carnívoro a pauladas, enquanto as irmãs ajudavam Cassandra a pôr o cercado em ordem. Com isso Praxedes descobriu que a mão e o braço de Cassandra sangravam.

— Não dói muito, disse a pequena corajosamente, quando os irmãos quiseram saber como ela chegara a se machucar. Eu tive de ajudar Astor e nisso o animal estranho me mordeu.

— Tu enfrentaste o chacal sem um pau? perguntou Páris apavorado.

— Eu não tinha nenhum ao alcance, foi a resposta simples.

NUNCA faltava coragem a Cassandra, quando se tratava de intervir em favor de outros. Ela devia ter aproximadamente sete anos, quando em seu passeio rumou por uma vereda raras vezes transitada, por trás do castelo. Ruídos e gemidos estranhos fizeram-na ficar à escuta. Após poucos momentos ela já acelerava os passos na direção de onde vinham esses sons. Não era curiosidade infantil o que a impelia adiante.

Através de um portão de madeira, ela entrou num pátio isolado. O espetáculo que se apresentou à sua vista a deixou repassada de pavor. Escravos de aspecto animalesco, rindo sarcasticamente, chicoteavam criadas seminuas. Os clamores das moças amarradas eram abafados com zombarias e risadas de mofa.

Cassandra pulou no meio, com os olhos fulminando de ira, de modo que o último golpe de uma chicotada acertou o seu ombro. Mas ela não se importou com as violentas dores. Com mão firme ela tirou o açoite do homem assustado e bradou-lhe como ele podia atrever-se a maltratar mulheres.

Os dois outros escravos imediatamente jogaram longe os chicotes e ficaram parados cabisbaixos diante da criança. Aquele, porém, cuja chicotada acertou em Cassandra pensou que lhe esperava um pesado castigo, caso não conseguisse justificar-se. Por isso disse, num tom de obstinação, que agira por ordem de Hécuba. Cassandra, contudo, não acreditou nele.

Com uma determinação que ninguém atribuía à criança, a qual geralmente andava por aí sorrindo e cantando, ela ordenou aos escravos que desatassem imediatamente as cordas das moças e tratassem de ocupar-se com os seus afazeres.

Com as próprias mãos ela lavou as feridas e consolou as moças que choravam. Elas esqueciam suas dores ao contato suave das mãos da menina. Somente a moça à qual estava destinada a vergastada interceptada por Cassandra não quis deixar-se consolar. Roxane, assim se chamava a criada, uma criatura esbelta e morena, com grandes e fiéis olhos, prostrou-se diante de Cassandra e suplicou-lhe que a perdoasse.

A pequena sorria, feliz.

— Sabes, Roxane, eu estou contente por ter podido livrar-te desse golpe. Mesmo assim recebeste mais do que teu corpo suportaria.

Cassandra acrescentou com mais seriedade:

— É bom, pois agora eu sei quanto dói ser açoitado.

Após ter tratado as moças, ela apressou-se em procurar a mãe. Durante o caminho toda a vivência caiu com duplicado peso sobre a jovem alma. Horrível que tal coisa pudesse acontecer, mas triplamente abominável que o malfeitor se ocultasse atrás da mãe. Era demais para a criança!

Chorando, ela chegou ao aposento da mãe, onde Hécuba estava deitada, pensativa, sobre a cama. Com a rápida entrada da pequena, ela se levantou indignada.

Mas a censura esmoreceu-lhe nos lábios, quando viu o rosto perturbado de sua filha mais nova.

A criança atirou-se impulsivamente ao lado da mãe, ocultou seu semblante nas dobras de seu vestido e soluçou:

— Mãe, eles estão falando mal de ti!

Perplexa, Hécuba olhava para a criança que chorava. Ela nunca acreditaria que Cassandra se sensibilizasse, se alguém falasse dela. Menos ainda ela pôde compreender que Cassandra não lhe atribuísse coisa ruim.

Involuntariamente ela puxou a cabeça encaracolada para junto de si, passou levemente a mão sobre os ombros convulsionados e perguntou num tom suave, que nunca se ouvira em sua voz áspera:

— O que eles falam de mim? Quem fala sobre a sua rainha?

A criança relatou o acontecimento que acabara de vivenciar. Ardente foi a indignação que ela expressou por palavras. Ardentes, como fagulhas, caíram cada uma dessas palavras no coração da mãe e inflamaram ali sentimentos intuitivos que há muito dormitavam latentes: pureza! dignidade de mulher! justiça!

Para Hécuba, essas palavras nunca haviam tido outra significação a não ser um som oco. Poetas e visionários podiam se servir delas; no máximo podia-se rir disso como das fantasias de uma criança. No entanto, aqui com a sua própria filha, essas palavras tomaram vida e significação, transformando-se em acusadores e em juízes impiedosos.

Com os dois braços, a mãe abraçou a criança. Pela primeira vez nos sete anos de sua vida, Cassandra repousava no peito da mãe; sentia-se unida a ela.

Um sentimento de ventura embevecia a ambas. Intimamente Hécuba se propôs a esforçar-se para merecer a confiança da criança pelo lado melhor de seu temperamento. Agora, aliás, ela deveria confessar que era de fato responsável pelo castigo infligido às suas criadas por causa de pequena culpa, num acesso de ira. Mas então Cassandra se afastaria dela. Que continuasse a acreditar que o escravo tivesse mentido. Isso não faria mal ao homem, e ela estaria justificada perante a sua filha. Nem sequer por um instante lhe veio à mente que ela se rebaixava com essa mentira.

— Tu não queres dar assistência às pobres moças, mãe? perguntou Cassandra.

Ela havia-se levantado, enxugado suas lágrimas e não estava disposta a ficar sentada ali inativa. Sentiu-se impelida a ir para junto das maltratadas.

— Certamente que eu quero procurá-las, minha filha, asseverou Hécuba.

— Eu vou junto, alegrou-se a pequena. Vamos levar frutas para elas, para que esqueçam as dores.

— Não, minha filha, o que tu podias fazer, já fizeste. Eu quero ir sozinha. Procura Dínia para que ela arrume o teu vestido e os teus cabelos.

Hécuba ainda permaneceu profundamente pensativa, após a jovem admoestadora ter deixado o aposento. Ai dela, se Cassandra notasse que a mãe fora a causadora do lamentável acontecimento! Deveria ela pedir às moças que silenciassem sobre isso? Não, até esse ponto ela não poderia rebaixar-se. Mas alguma coisa deveria ser feita. Ela andava de um lado para outro, cada vez mais excitada. Como é que o aborrecimento de hoje de manhã teve de ocasionar tais consequências!

Laódice entrou no aposento com o rosto radiante. Queria pedir à mãe o aro de ouro que ela havia visto recentemente na casa dos tesouros. O pai lhe havia recusado com breves palavras. Agora queria tentar com Hécuba, mediante lisonjas.

A evidente excitação da mãe não era favorável ao seu intento, ou talvez sim? Se ela descobrisse o que estava preocupando a mãe e se adaptasse habilmente a ela, então talvez pudesse conseguir alguma coisa para si.

Ela colocou o braço em volta da mãe e acertou os passos com os da preocupada.

Adulando, indagou sobre a razão de sua preocupação. Inicialmente Hécuba não quis falar sobre aquilo que vivenciara há poucos momentos; todavia, o hábito venceu, e ela confiou os seus pensamentos a Laódice. A filha não compreendia como uma mulher madura e experiente podia deixar-se perturbar pela conversa tola de uma criança.

— Não dês muita importância ao assunto, sem necessidade, aconselhou ela. Cassandra provavelmente não perguntará, depois que obteve a impressão, pelo teu silêncio, de que o castigo foi um abuso da parte dos escravos. Quem haveria de dizer-lhe o contrário?

— As moças. Tu não conheces bem Cassandra, se julgas que ela dará o caso por encerrado. Diariamente ela cuidará das servas. Com que facilidade pode vir tudo à tona através das conversas das criadas!

— Por que temes a pequena sabida? perguntou Laódice ironicamente.

O olhar da mãe tornou-se sombrio, de sorte que a filha achou aconselhável levar a sério o assunto, também de sua parte.

— Devem ser tomadas providências, disse ela, para que as moças sejam afastadas dela. Eu soube que à noite será levado embora um grupo de escravos inválidos. Dá ordem para que os três escravos e as seis moças sejam incluídos nessa leva.

— Um bom conselho, falou Hécuba pensativa, mas infelizmente as moças não são escravas.

— Quem perguntará por isso? riu Laódice, que pretendia dedicar-se agora aos seus próprios desejos. Ninguém exigirá de ti prestação de contas. As moças incorreram em faltas e merecem castigo. Pois bem. Manda-as embora!

— Sabes, Laódice, que tais levas nunca mais voltam? Nós não falamos sobre isso, mas com certeza já ouviste falar que os escravos inválidos, doentes e feridos são mortos.

— Eu o sei, acenou Laódice impassivelmente com a cabeça. Que importa se as seis moças terminem suas vidas um pouco mais cedo do que pensavam?

A sugestão de Laódice parecia ser de fato a única saída, se Hécuba não quisesse atrair sobre si o desprezo de Cassandra. Após alguma hesitação e depois de comentar os prós e contras, resolveu a rainha executar o plano imediatamente. As ordens necessárias foram dadas rapidamente, e agora, uma vez que não era mais possível voltar atrás, ela sentiu-se aliviada. Sim, estava grata à filha, que a arrancara de seus pensamentos estéreis, e por isso presenteou-a com o aro, de cuja existência ela nada sabia.

Ele foi trazido e muito admirado pelas duas mulheres. Laódice colocou-o sobre seus cabelos pretos, os quais, em contraste com os de suas irmãs, eram lisos e deselegantes. Quando os irmãos queriam fazer gracejos com ela, então afirmavam que os cabelos de Laódice se assemelhavam a cobras pretas. Para não precisar ouvir isso, ela usava sempre, ostensivamente, bastante adorno.

S E HÉCUBA pensou ter achado sossego com o assassínio das moças e dos escravos, então ela ficou amargamente desiludida. No dia seguinte compareceu Cassandra e implorou que mandasse investigar sobre as moças. Queria revê-las e tratar suas feridas, mas não pudera encontrá-las. Aparentemente ninguém sabia coisa alguma a respeito delas. A responsável pelas criadas teria contado que duas moças haviam sido acometidas à noite por grave febre. Durante a noite teriam desaparecido todas as seis.

Hécuba prometeu investigar. A confiança da pequena lhe aprazia. Ela queria mantê-la a todo custo. Agora devia inventar mentiras. O que ela deveria dizer? Novamente Laódice sabia aconselhar.

— Pois dize que o médico mandou as moças para um outro lugar, a fim de que pudessem restabelecer-se e curar as suas feridas.

Hécuba mandou vir o médico e ordenou-lhe que dissesse aquilo que ela lhe inculcava, sob o risco de incorrer em pena de morte. Depois ela falou com Cassandra. O júbilo da pequena despertou mal estar em sua alma.

Passaram-se alguns dias sem que se falasse novamente sobre o sucedido. Quase parecia como se a mais nova devesse tomar o melhor lugar no coração da mãe. Hécuba interessava-se pela criança com o mesmo desvelo com que antes a repelia levianamente. Príamo percebeu-o e regozijava-se; os irmãos exultavam. Nisso veio o dia que destruiu tudo de novo.

NUMA manhã linda e radiante, Cassandra corria com Astor de um lado para o outro no meio dos recifes. Ela escondia-se e o cão, latindo, procurava-a. Depois novamente ele desaparecia e a pequena espreitava atrás de cada saliência. Grande era seu júbilo quando nessa proeza ela o descobria. Quando, porém, não o encontrava após demorada procura, então chamava-o carinhosamente pelo nome. Seu latido alegre denunciava seu paradeiro e, unidos, os dois amigos seguiam pulando adiante.

De repente Astor farejava. Soltando um curto latido, ele saltou dali. Cassandra tentou segui-lo, porém na areia mole, na qual seus pés afundavam, ela somente podia se locomover vagarosamente. Subitamente ele desapareceu! A pequena já estava preocupando-se. Nisso escutou seu latido; ele acuava alguma coisa, isso ela já conhecia. Provavelmente ele descobrira algum animal e o estava segurando até que ela chegasse.

Ela esforçava-se valentemente para seguir adiante; contudo, a areia ficava cada vez mais fofa e o caminhar se tornava mais dificultoso. Por fim ela atingiu a meta. Astor estava diante de uma figura feminina, que estava agachada, trêmula de medo e com o rosto oculto entre as mãos.

— Astor, passa para cá! chamou Cassandra com voz sonante.

Imediatamente o cão obedeceu. Com o chamado, também o vulto feminino levantou a cabeça.

— Cassandra, soluçou a moça, como que libertada, graças aos deuses! Agora nada mais me pode acontecer! Sob tua proteção estou segura.

— Roxane! O que te pode acontecer? Como vão as tuas feridas? Por que estás aqui? Tu devias te restabelecer!

Alvoroçadamente jorraram as perguntas de Cassandra, sem deixar tempo para Roxane responder.

— Protege-me, princesa!

A fervorosa súplica era a única coisa que a moça, obviamente receosa, pronunciava repetidamente.

— Eu quero proteger-te, fica sossegada, asseverou a menina sem qualquer vaidade. Dize-me, apenas: de quem devo proteger-te?

— De Hécuba, a rainha! Ela não deve ver-me!

— Por que não? queria saber Cassandra, a qual não podia entender o motivo do pavor da moça.

— Ela quis mandar matar-me e eu consegui escapar.

— Pobre Roxane, tu estás febril, procurava a menina persuadi-la amavelmente. Minha mãe não manda matar ninguém.

— Sim, buscaram-nos à meia-noite, para sermos levados embora juntamente com a leva dos escravos que iam ser mortos. Eu deslizei no meio dos recifes e, apesar das diligentes buscas, não fui encontrada. Devagar, fiz a tentativa de me aproximar da cidade, para enviar notícias aos meus pais. Logo notei, porém, que isso seria impossível. Quem poderia vir para cá? Eu já desejei ter sido assassinada juntamente com os outros, ao invés de ter de morrer à míngua. Nisso escutei o latido do cão e temi que ele me denunciasse aos guardas dos escravos.

O rosto da criança ficou gélido. Cassandra não pôde duvidar que a moça falava a verdade. "Se foi assim, então... então... a mãe mentiu!" A mãe! na qual Cassandra pensava com o amor que nela despertava. Seria horrível!

Tão jovem como era, ela compreendeu que agora deveria sobretudo ver com clareza. Ela fez a moça contar tudo, desde o início. Agora vinha à tona tudo o que a mãe encobrira cuidadosamente. Portanto era a mãe a causadora dos terríveis maus-tratos! Tudo o que ela dissera e fizera era falso. Ela nem foi procurar as moças para ajudá-las. Despachou-as, para serem assassinadas. Toda a grande confiança na mãe, que recentemente ela ainda sentia ditosamente, caiu por terra.

Estremecida, a menina se atirou na areia e procurava recuperar a calma. Só não queria que Roxane percebesse alguma coisa! Astor aproximou-se dela e lambeu seu rosto e suas mãos. De início, ela até quis repeli-lo, mas ele nunca a enganara! Puxou-o para junto de si e enterrou suas mãos trêmulas em sua pele lanuda.

Aos poucos ela se acalmou. Ninguém teria julgado uma menina de sete anos capaz de tal autodomínio. Por fim levantou-se, afastou com as duas mãos os cabelos ondulados do rosto cheio de lágrimas, e perguntou:

— Roxane, terias medo se eu te deixasse por pouco tempo aqui sozinha? Preciso falar primeiro com o pai, para saber o que devemos fazer. Mas nada te acontecerá, nisto podes confiar.

Se bem que Roxane sentisse temor de permanecer sozinha ali, ela teve contudo inteira confiança na menina, que poucos dias antes aparara o golpe de açoite que lhe fora destinado. Ela também a ajudaria desta vez.

Apressadamente, mas absorta em profundos pensamentos, Cassandra lutava novamente para atravessar a areia. Finalmente atingiu a trilha aberta e agora corria em direção ao palácio. Sem perda de tempo, procurou os aposentos do pai e encontrou-o sozinho.

Conquanto fosse muito afeiçoada ao pai e confiasse nele sem reservas, sentiu grande dificuldade de falar e de acusar a mãe, pois isso sempre se tornaria uma acusação, mesmo que ela se esforçasse em poupar Hécuba. Calado, Príamo escutava o relato da criança, a qual tinha de se esforçar sempre de novo para acalmar-se. O açoitamento das moças ele achou cruel, mas estava acostumado a essas coisas e não refletiu mais sobre isso. O controle das criadas ele entregara a Hécuba; no entanto, para ele não havia dúvidas de que Cassandra, que era diferente de todos, e certamente estava em ligação com o reino dos deuses, não podia compreender tal procedimento.

Com seus conhecimentos da natureza humana, ele compreendeu que a mãe silenciasse, quando a criança a procurara cheia de confiança. Porém, que ela tivesse dado ordem de mandar embora e de matar as moças e os escravos, isso não pôde compreender. O homem, maduro e experiente em problemas, ficou abalado com isso. Que efeito deveria causar o ocorrido sobre as faculdades afetivas da criança?

A pequena terminou; confiante, ela olhava para ele.

— O que faremos agora, pai? perguntou com voz trêmula. Nós não podemos deixar que Roxane morra à míngua, entre os penhascos!

— Não, nós vamos buscá-la, filha, soou a firme e bondosa resposta. Eu mesmo quero falar com ela. Vê, aí vem Deífobo. Ele deve ir contigo.

Rapidamente, ele deu ao filho as necessárias instruções para que a moça chegasse ao palácio sem ser vista; em seguida os dois irmãos puseram-se a caminho.

Príamo andava sem sossego de um lado para o outro, nos seus aposentos. Já havia muito que ele ficara indiferente com Hécuba; no decorrer dos anos, ela se afastara cada vez mais daquilo que fizera Príamo apreciá-la. Teve de esforçar-se para não odiá-la agora. Por demais profundo lhe comoviam a mágoa e a lamentação da pequena. Bem que percebeu como ela procurara ocultar sua aflição em consideração à mãe.

Antes que ele chegasse a tomar uma decisão, regressaram os dois irmãos, trazendo-lhe a pálida moça.

Príamo ficou surpreso ante a índole nobre e a maneira de falar de Roxane, e indagou sobre a sua procedência. Então soube que ela era filha de um nobre troiano, o qual há muito tempo tivera que se afastar da corte por motivo de doença. Para ajudar os pais, Roxane empregara-se como criada. Hécuba nunca lhe tinha perguntado a respeito de sua família.

Atendendo à ordem do rei, a moça narrou discreta e sucintamente os acontecimentos dos últimos tempos. Ao mencionar o socorro de Cassandra e o ferimento dela, do qual o pai nada sabia, suas palavras se tornaram tão eloquentes, e seus olhos ficaram tão radiantes, que Príamo achou o caminho para ajudá-la.

— Dínia em breve necessitará de um auxílio, disse ele afavelmente. Queres servir Cassandra e acompanhá-la em seus caminhos, sob a orientação de Dínia, logo que estiveres restabelecida?

— Oh! senhor, com muito prazer! exclamou Roxane sinceramente e alegre.

— Pois nesse caso quero ordenar tudo. Manda Dínia a mim, passarinho.

Afetuosamente, o pai fez deslizar a mão sobre os cabelos ondulados da menina.

— Os teus vergões já sararam? perguntou ele preocupado.

— Era só um, pai. Logo estará cicatrizado.

PRÍAMO combinou depois com Dínia como deveriam proceder, a fim de que a presença de Roxane não provocasse de novo a irritação da rainha.

— Eu estou contente por ter a certeza de que Cassandra tem em sua proximidade alguém que se dedique inteiramente a ela, disse ele, porém eu não desejo que a presença de Roxane prejudique a pequena.

— Não creio que a rainha se preocupará em saber quem são as criadas que cuidam dela e das filhas. Receio muito mais a ira da rainha se ela notar que Cassandra se afasta de novo dela. E com a sinceridade e a retidão da menina, não se pode esperar outra coisa.

— Devo falar com Hécuba? perguntou Príamo, o qual nunca vira em Dínia uma serva, e sim, sempre uma confidente.

— Eu acho que isso seria o certo, ponderou a interpelada.

— Pois então quero fazê-lo amanhã, aprovou o rei. Hoje já perdi horas preciosas. Meu pessoal espera-me.

Mas também o dia seguinte passou sem que Príamo tivesse tempo para falar com a esposa. E nesse ínterim os acontecimentos seguiram seu curso.

Um dia Cassandra pôde desviar-se da mãe sem que isso desse na vista. Roxane estava deitada num aposento retirado, tratada previdentemente por Dínia. Hécuba ainda não sabia nada da sua presença. Todavia, quando no segundo dia a criança também não compareceu, e ela, como em tempo anterior, brincava com Astor entre os recifes, sem se lembrar das refeições, então a mãe ficou perplexa. Dínia dava respostas evasivas às suas perguntas. Hécuba mandou chamar a filha.

Uma calma e bem-comportada Cassandra veio ao aposento da mãe e ficou parada perto do umbral da porta. Ela não se precipitou ao encontro da mãe, como antes.

— Tu estás doente? perguntou Hécuba preocupada. Estás tão pálida!

Cassandra meneou a cabeça.

— Que tens? Por que não vens mais a mim, sem seres chamada, como todos os dias?

A pequena quis responder, mas não encontrou palavras.

— Cassandra, não gostas mais da tua mãe? lisonjeava Hécuba, a qual não achou explicação para a conduta da criança.

— Não, mãe! veio a resposta em voz baixa, mas distintamente, dos lábios de Cassandra.

— Tu dizes não? Escutei direito, Cassandra? O que te fiz, para que tu dês tal resposta?

Novamente a menina esforçou-se por encontrar palavras, mas sua garganta estava como que apertada.

— Fala! Rigorosa e cortante soou a ordem.

— Tu mentiste, mãe!

Dessa vez a resposta foi dada alta e claramente. Perplexa, Hécuba olhava para a filha, que estava parada diante dela como uma juíza.

Sem perguntar como a pequena chegara a fazer esse juízo, ela bradou com desmedida raiva:

— Fora daqui! Não ouses pisar novamente a soleira do meu aposento!

Vagarosamente, Cassandra deixou o aposento, assim como viera, séria e quieta. Demorou bastante tempo até que ela reencontrasse a jovial disposição.

Hécuba, no entanto, depois de ter ficado mais calma, procurava descobrir, sem resultado, qual das suas inúmeras mentiras podia ter chegado ao conhecimento de Cassandra. Ela não considerava mentiras como algo grave, contudo sabia que a criança era a verdade corporificada, e tinha-se acautelado desde que Cassandra confiara nela.

Laódice pôs um fim a todas as ponderações, ao relatar que uma das criadas escapara da morte e fora vista no palácio em companhia de Cassandra. Portanto, por causa de uma criada, sua filha a desprezava! Isso era incrível! Todo arrependimento desapareceu da alma de Hécuba. Em lugar disso, entraram raiva e revolta.

Quando no quarto dia Príamo se lembrou da promessa e procurou Hécuba, teve de constatar que não havia mais nada a falar. Com palavras feias, Hécuba reprovava a criança, que tivera a ousadia de acusar a mãe.

Com seriedade e dignidade, ele defendeu Cassandra. Não ligava à raiva, nem às lágrimas. Condenou inexoravelmente o procedimento de Hécuba e exigiu da esposa que não perseguisse Roxane.

— Ela é dedicada a Cassandra e deve ficar com ela. Dificilmente cruzará teu caminho, já que proibiste à criança a entrada nos teus aposentos, conforme me disseste.

Hécuba, um dia tu ainda te arrependerás de teres tratado justamente esta criança tão mal e sem compreensão! Lembra-te das minhas palavras: entre todos os meus filhos, Cassandra é a melhor! Ela é uma dádiva dos deuses e uma bênção para Troia. Ainda te recordas daquilo que o pastor disse? "Se não reconhecerdes esta Luz, então estareis condenados à morte." Cassandra é uma Luz, enviada para o bem de todos nós. O fato de ela odiar a mentira não é uma prova em favor disso? A Luz não suporta a escuridão. Tu estás nas trevas; ela está na Luz!

Príamo silenciou, enquanto puxava o seu cinturão de armas, para aliviar a sua excitação.

Hécuba, no entanto, disse cortante:

— Prestaste um mau serviço à tua filha predileta, Príamo. Daqui em diante será para mim como se Cassandra nunca tivesse nascido. Tu, porém, acautela-te para não me irritares. Isso poderia se tornar mais perigoso do que pensas!

Príamo deixou o aposento sem dizer uma palavra e nunca mais entrou nele sem que fosse convidado. Procurou Cassandra. O aspecto do pálido e silencioso semblante da menina partia-lhe o coração. Demoradamente ele ficou sentado junto com a filha, sem que nenhum dos dois proferisse uma palavra. Príamo podia realizar grandes feitos, e executar tarefas difíceis, mas faltava-lhe o dom da palavra. Com muito gosto teria consolado a menina sofredora, contudo não sabia o que deveria dizer.

Quando o silêncio passou a se tornar opressivo, então Cassandra começou:

— Pai, uma mãe deveria ser o que de mais puro existe sobre a Terra! Por que nossa mãe é diferente?

Príamo esforçava-se para encontrar expressões que fossem suficientemente simples para que a criança as pudesse entender; por fim desistiu de buscar palavras e falava da maneira como a sua intuição lhe inspirava.

— Filha, tua mãe é diferente de ti e também de mim. Nós não podemos esperar dela aquilo que devemos exigir de nós. Tu conheces a pequena árvore frutífera atrás do pátio?

Cassandra assentiu com a cabeça.

— Tu queres dizer aquela, cujas frutas são tão duras e amargas, que ninguém as pode comer?

— Sim, filha, é essa mesma. É uma árvore frutífera, mas diferente das outras. Não podemos esperar que ela produza frutas suculentas e saborosas.

A criança sorriu ao compreender repentinamente.

— Mas a mãe produz frutos bem desagradáveis. Seria melhor que ela não produzisse nenhum, para que não se esperasse encontrar algo de belo nela.

As últimas palavras soavam aflitivas; o sorriso já havia desaparecido novamente.

— Queres repreender a árvore, Cassandra, se tu procuras sempre de novo frutas boas nela?

A menina meditava demoradamente. O pai olhava para o rostinho, no qual se refletiam os pensamentos alternadamente. A testa era limpa e clara. Nada de impuro tinha lugar atrás desta, nada de impuro a jovem alma podia compreender.

Finalmente parecia como se Cassandra tivesse chegado a uma conclusão sobre as suas ponderações.

— Eu te entendo, pai. A mãe é de uma terra diferente da nossa. Por isso ela também só pode produzir frutos diferentes. Devemos aceitá-la assim como ela é, e não nos deixar desanimar por decepções. Mas pai, em compensação nós devemos produzir frutos melhores, senão a nossa vida se tornará insuportável.

— Sim, passarinho, tu me compreendeste. Devemos ser bons, também pela mãe. E meu passarinho também precisa ficar outra vez alegre e cantar, por amor ao pai, finalizou ele amavelmente e se levantou.

Cassandra acenou-lhe e procurava sorrir. Isso parecia bastante melancólico.

Príamo refletiu muito tempo sobre as duas palestras. Como elas eram diferentes uma da outra! Não seria imprudência ficar com Roxane no palácio? Talvez ela significasse para Cassandra um perigo maior do que ele podia pressentir agora.

A decisão sobre essa pergunta foi-lhe tirada das mãos. Dínia trouxe a notícia de que Roxane falecera, apesar do melhor tratamento de suas feridas, devido à enfermidade de que fora acometida pelo frio e pelas privações durante a sua fuga. Por um lado o rei quase se sentiu aliviado. Por outro lado, teve pena da nobre moça e também se preocupava com a filha, pois muito gostaria que ela a tivesse em sua companhia. Porém, para a tranquilidade da casa, era melhor assim.

Aos poucos acalmara-se a agitação dos últimos acontecimentos. Assoberbado com as preocupações pelo bem-estar do povo, Príamo esquecera-se de reparar nos pequenos sinais. Ele não sabia ler nas almas dos seus. Hécuba havia muito que já se dedicava novamente aos seus afazeres. Ela era uma dona de casa exemplar. Tinha prazer na acumulação de provisões de coisas úteis e belas. Suas criadas estavam habituadas a sua índole esquisita, não gostavam dela, mas obedeciam-lhe.

Os filhos demonstravam à mãe o devido respeito e executavam todos os trabalhos exigidos. À pequena irmã eles se dedicavam com amor e serviam-na. Praxedes e Dínia educavam e instruíam Cassandra, a qual entrara agora no seu oitavo ano. Ela era muito graciosa e sua jovialidade preenchia novamente o palácio, se bem que não tivesse mais em si aquela despreocupação, como antes. Nos aposentos da mãe ela não entrara mais. Quando se encontrava com Hécuba, então empenhava-se em ser bem-educada e cortês. Hécuba não olhava para ela.

Com grande pompa foi festejado o casamento de Laódice com um príncipe de um reino vizinho. Cassandra achou rude e bárbaro o esposo da irmã e horripilou-se diante dele. Ela não compreendia Laódice, que considerava uma grande ventura contrair matrimônio com um homem poderoso e rico. Praxedes deu evasivas às perguntas de Cassandra:

— Isso nós duas não compreendemos, Cassandra. Nós ainda não chegamos a conhecer nenhum homem que nos agradasse para esposo.

— Eu nunca me casarei, afirmou a pequena com ênfase.

— Uma princesa precisa casar, menina, suspirava Praxedes.

Isso a mãe lhe tinha dito inúmeras vezes, quando ela sempre e sempre se recusava a acompanhar o seu pretendente, ao seu reino distante.

— Se eu preferir ficar com o pai, Praxi, disse Cassandra, chamando-a carinhosamente pelo apelido de infância, quem me impedirá disso?

— Teu próprio coração indicará quando chegar o tempo, esclareceu Praxedes.

Cassandra silenciou. Ela lembrou-se de que recentemente os irmãos tinham comentado que Praxedes amava um dos guerreiros do pai. Talvez fosse preciso amar para casar?

— Em todo caso eu ainda tenho bastante tempo, disse ela sossegada.

Para distraí-la, Praxedes gracejou:

— Quem desejava ter vinte filhos e quarenta filhas, pequena irmã?

— Naquele tempo, quando desejei isso, eu ainda era pequena e muito boba. Prefiro não ter nenhum. Eu não quero me tornar idêntica à mãe.

— Menina, isso tu não entendes. Como mulher, pode-se continuar a ser igual como quando a gente era menina.

Com isso, a irmã deu por encerrada a conversa.

Após Laódice e seu esposo terem deixado Troia, entrou maior harmonia no palácio. Creusa, a única que se colocou em consciente oposição aos irmãos, para ser a mais bem-vista junto à mãe, não pôde conseguir muita coisa sem Laódice, pois esta sempre fora a força impulsionante, principalmente quando se tratava de prejudicar Cassandra de alguma forma.

Não pôde ser evitado que Cassandra visse novamente a mãe com mais frequência. Os trabalhos caseiros em que Dínia a instruía traziam isso como consequência natural.

Por muitos dias seguidos, Cassandra fora mandada para corar os tecidos. Criadas traziam para junto dela a água necessária e colocavam espaçadamente cântaros e jarros; afastavam-se em seguida e deixavam por conta da menina o umedecimento dos tecidos de tempo em tempo.

Ela fazia-o de bom grado. Dava-lhe prazer ver como os raios solares tiravam todo o encardimento dos tecidos, até que estes se tornassem bem brancos, estendidos sobre a grama.

Depois que Cassandra acabava de molhar tudo, ela se estirava debaixo de uma frondosa árvore e entregava-se aos seus pensamentos, enquanto Astor ficava de guarda e cuidava para que nada acontecesse ao precioso tesouro.

Hécuba comparecia no mínimo duas vezes por dia ao grande coradouro, a fim de verificar se não estava sendo negligenciada alguma coisa. Ela nunca achava motivo de repreensão quando o controle estava a cargo da filha mais nova. Contudo, nenhuma palavra de elogio passava pelos seus lábios, não obstante ter notado que as peças nunca estiveram tão uniformemente brancas como quando Cassandra cuidava delas.

As criadas, que à noite juntavam as pesadas peças de roupa para depois recolher tudo, inclusive as vasilhas de água, também achavam que Cassandra devia ter uma habilidade especial para branquear. De preferência, entregavam a ela peças amareladas e pouco vistosas, talvez também aquelas com as quais outras já tinham feito tentativas em vão. Podia-se ter a certeza de que a incansável dedicação da menina – ela podia ter nessa época aproximadamente nove anos – conseguia tirar todos os encardimentos.

Certa noite, quando Dínia e Praxedes estavam orientando as criadas no serviço de dobrar, enquanto Cassandra tinha saído para o jardim, Dínia disse:

— Eu sempre tenho de comparar estas peças de roupa com os nossos corações. Onde o sol penetra, eles se tornam claros e luminosos e nós nos esforçamos por corrigir os nossos erros. Cassandra é o raio solar que nos mostra inconscientemente toda a escuridão em nós e nos outros.

Praxedes concordou, mas acrescentou:

— Para o bem de Cassandra, eu desejava que ela se assemelhasse mais às outras meninas de sua idade. Justamente a sua franqueza e a sua visão clara para tudo o que é injusto irão torná-la odiada pelos seres humanos. Assim como ela causa sobre a mãe e Creusa um efeito qual uma constante censura, da mesma maneira isso ocorrerá com os outros. Estou com pena da menina.

Cassandra gostava muito de ajudar nos trabalhos do jardim. Aí se manifestava o seu grande amor por tudo o que era delicado, fraco e necessitado. Infatigavelmente, ela andava para lá e para cá no meio das plantas novas e, sob a orientação de Dínia, procurava amarrar aqui um galhinho, escorava ali um caule e mudava plantas que estavam apertadas entre as outras. Às vezes se ouvia novamente o seu cantar, enquanto trabalhava. Interpelada por Praxedes por que a sua voz não se tornava audível no coradouro, ela replicou:

— Flores e canto se harmonizam; isto não se pode separar. No jardim frondoso também cantam os passarinhos; nós nos auxiliamos mutuamente. No coradouro, porém, fica-se muda com o sol abrasador.

Nas proximidades do palácio existia um grande jardim, no qual eram cultivadas somente ervas curativas. Algumas tinham de ser colhidas cuidadosamente ao nascer do sol, outras só ao anoitecer. Disso sempre se encarregavam Praxedes e Cassandra, juntamente com Dínia; raras vezes ajudava alguma das criadas. Era um privilégio estar ocupada assim. Depois, as ervas eram secas ou prensadas. Também isso Cassandra tinha de aprender, mas não o fazia de bom grado.

— Tenho pena das plantas, quando elas jazem assim mortas e murchas, dizia ela.

U MA das irmãs mais velhas, Arisbe, viera de visita. Seu esposo, o regente do território do Helesponto, pertencente ao reino de Príamo, teve que empreender uma campanha. Ele receava não poder regressar tão logo, e por isso propôs a Arisbe, que não tinha filhos, que seguisse para Troia e permanecesse lá por algumas luas, a fim de que o tempo da separação não lhe parecesse muito longo.

Ela contraíra matrimônio antes do nascimento de Cassandra e estava surpresa em conhecer a irmã mais nova. Cassandra observava-a com reserva. Contudo, descobriu logo que Arisbe tinha semelhança em muitas coisas com o pai. Tinha algo de principesco em sua conduta e dava uma impressão muito mais nobre do que a sua madrasta Hécuba.

Seu olhar era penetrante e seu conhecimento da natureza humana raras vezes a iludia. Príamo alegrava-se com as palestras animadoras que podia manter com essa filha. Notava-se que Arisbe tinha-se tornado confidente e conselheira do seu esposo. Ela sabia escutar calmamente e formava então um rápido e quase sempre acertado parecer.

A permanência de Arisbe em Troia já estava prolongando-se por alguns meses.

Uma noite, quando estava sentada juntamente com Príamo e Hécuba, ela começou a falar sobre Cassandra.

— Como é possível que a esta criança maravilhosa e tão visivelmente agraciada pelos deuses seja dado tão pouco valor? perguntou ela, admirada. Com pesar vejo como ela é chamada para serviços que não competem a uma futura rainha.

Hécuba interrompeu a interlocutora.

— Não pode fazer mal a ninguém, se na juventude aprende a executar todos os trabalhos que mais tarde deverá controlar, disse ela mais severamente do que era sua intenção.

— Isso está certo, admitiu Arisbe. Assim a minha mãe também procedeu comigo e com meus irmãos; todavia, parece-me que Cassandra já sabe executar muitos desses serviços insuperavelmente. Apesar disso, ela ainda precisa trabalhar no sol quente, sobre o coradouro. Sim, recentemente encontrei-a na lavanderia, onde seus dedinhos sangravam de tanto esfregar as pesadas peças de roupa.

Estupefato, Príamo levantou os olhos.

— Pois eu te pedi, Hécuba, disse ele em tom repreensivo, que mantivesses a menina afastada de serviços dessa espécie. O velho sumo sacerdote, Theseiros, em cujo conselho eu confiava sem reserva, disse-me, pouco antes do seu trespasse, que eu deveria resguardar Cassandra de serviços que cabem às criadas. Naquele tempo não dei importância a essas palavras, porquanto não conseguia imaginar como Cassandra pudesse algum dia chegar à situação de precisar executar serviços de criadas.

— Se ela aprende a lavar, então com isso eu ainda não faço dela uma criada, exaltou-se Hécuba. Quem não possui filhos não devia ter o atrevimento de imiscuir-se na educação dos filhos dos outros.

Com essas palavras pouco amáveis, levantou-se irritada e dirigiu-se ao seu aposento.

Arisbe, pensativamente, seguiu-a com o olhar.

— Pai, entrega-me Cassandra para que eu a leve comigo quando em breve regressarei para casa. Quero protegê-la e instruí-la. Despertar nela todas as suas valiosas qualidades e desdobrá-las deverá ser a minha principal preocupação.

O pai perguntou assustado:

— Tu já estás pensando em voltar, Arisbe? Pois mal acabaste de chegar!

Sorrindo, a filha olhou para ele.

— Já faz dez luas que estou em Troia. Soube hoje que meu marido foi vitorioso e rechaçou o inimigo das nossas fronteiras. Não deverá demorar muito o seu regresso. Eu desejava estar em casa para poder recebê-lo.

— Diante disso, naturalmente, não posso pedir que ainda fiques aqui, embora sinta como se levasses contigo um pedaço da minha mocidade. Em ti ressurgiu diante de mim a amada esposa, a formosa, que fora confidente e companheira nos meus melhores anos de vida. E agora ainda me queres tirar o meu raio solar, o passarinho. Meu coração está afeiçoado à criança.

— Se com isso te privo de alguma coisa, isso me faz hesitar em dar ao meu pedido a necessária ênfase. Pai, pensa como aqui a infância de Cassandra passa sem alegria. Ela sente falta de tudo que possa tornar uma menina feliz, sobretudo o amor da mãe. Nunca vi uma mãe tão indiferente, sim, eu até poderia dizer, tão hostil para com uma filha. E Cassandra não é uma criança comum. Ainda não percebeste que ela possui o dom da profecia em alto grau?

Príamo acenou comedidamente com a cabeça.

— Certo é que um ou outro relata vaticínios que se cumpriram pontualmente; porém eu não quero dar muita importância a isso. Podem ser acasos.

— Não, pai, aqui há alguma coisa mais do que meros acasos, exclamou Arisbe com entusiasmo. A mensagem que recebi hoje, a pequena já me comunicou literalmente há duas luas. Nós estávamos sobre o terraço e contemplávamos a lua cheia. No meio da conversa, Cassandra suspirou e disse: "Agora não te teremos mais por muito tempo entre nós, Arisbe! Quando a lua estiver cheia pela segunda vez, então teu esposo será vencedor e mandará avisar-te que poderás esperá-lo em vosso palácio." Não atribuí nenhuma importância a essas palavras, mas Praxedes segredou-me: "Anota bem, Arisbe! O que Cassandra diz, isso se realiza." E vê, pai, isso se tornou realidade.

Ela também possui o dom de curar, que quase se aproxima do prodigioso. Eu observei-a. Ela própria considera isso como coisa natural e não faz disso o mínimo alarde. Não é nada mais do que um milagre, quando ela cura um dedo machucado só no tocar, quando torna novamente móvel um membro paralisado, quando estanca uma hemorragia só por meio de um sopro e quando alivia dores só através da colocação de suas mãos?

Não notaste que além do dom de cantar, que fascina todos os corações, ela também possui o dom da poesia? Tudo o que ela canta brota do manancial inesgotável de sua vida interior. Melodia e palavra se completam. A gente gostaria de escutá-la sempre.

A esta criança privilegiada pelos deuses, vós deixais levar aqui uma vida como se fosse filha do mais imprestável criado! Pai, não compreendo como toleras isso!

Arisbe entusiasmou-se ao falar, e disse mais do que intencionava. Ela não quis fazer censura ao pai; agora, porém, as suas palavras se tornaram uma eloquente acusação. Todavia, Príamo apenas percebeu a sinceridade de sua simpatia pela sua predileta, e isso lhe fez bem.

— Se tu estivesses sempre aqui, então eu te confiaria Cassandra sem hesitar. No entanto, eu não posso separar-me dela e ela também não quererá ir, acrescentou ele, mas o tom de suas palavras não soou muito convincente.

— Vamos perguntar-lhe amanhã, pai. Contudo, se ela ficar aqui, então tu deverás cuidar para que ela seja cercada de amor e compreensão. A extrema frieza de sua mãe deverá trazer consequências funestas para uma menina dessa idade!

Na manhã seguinte, quando a filha mais nova lhe trouxe flores ao aposento e as colocava em cântaros, Príamo perguntou-lhe:

— Passarinho, tu terias vontade de seguir junto com Arisbe para a terra dela e ficar por alguns anos com ela?

Cassandra estremeceu como numa inesperada alegria. Mas a emoção passou rapidamente.

— Não, pai, eu fico contigo! Meu destino está ligado ao de Troia e terá de se consumar aqui.

A boca da pequena pronunciou isso com toda a calma e sua atenção se volveu novamente para as flores.

Depois disso não se falou mais sobre a ida de Cassandra. Também Arisbe não tornou a se referir às suas advertências. Ela viu que o pai tinha pouca influência sobre a sua segunda esposa.

A FILHA, no entanto, havia partido de regresso para casa. Príamo acompanhou-a pessoalmente ao navio que devia conduzi-la rumo a sua terra. Sopravam ventos favoráveis; podia-se esperar que a viagem corresse bem. Iriam ver-se novamente? À pergunta do pai, Cassandra meneou entristecida a cabeça.

— Não, ninguém de nós tornará a ver a maravilhosa.

— Por que chamas Arisbe a maravilhosa? perguntou Creusa, que estava presente.

— Ela não é maravilhosa na pureza de seu coração e na sinceridade de seu ser? perguntou Cassandra em resposta.

— Ela não é bela, opinou a irmã mais velha, com um pouco de menosprezo. Todos nós, que temos Hécuba como mãe, somos mais belos do que os outros filhos.

— Que nos adianta isso, se não somos tão bons como ela? disse Cassandra com sinceridade. Nenhum de nós pode comparar-se com os filhos do pai com a sua primeira mulher; todos eles são bons e puros.

— E tu, meu passarinho? perguntou o pai. Não és pura e luminosa?

— Gostaria de ser assim, respondeu Cassandra pensativa, para que me torne digna do meu esposo.

Apesar da evidente seriedade com que a pequena tinha falado, todos os presentes desataram a rir. Era muito engraçado escutar a criança falar de seu esposo como de algo completamente natural.

— Uma vez disseste que não pensavas em casar, gracejou Praxedes. Chegaste nesse ínterim a conhecer alguém que merece o teu amor?

Sobre o rosto de Cassandra deslizou algo como uma nuvem. Ela fechou os olhos e comprimiu os lábios.

— Deixai-a, ordenou o pai. Não deveis zombar dela; ela não sabe o que falou.

Com seu amor à verdade, Cassandra não admitiu esse subterfúgio. Por mais pesado que lhe tenha sido falar de alguma coisa que guardava no âmago do coração, ela não quis contudo trocar o silêncio por uma inverdade. Suspirando, disse:

— Eu sei o que falei e isso também tem validade. Meu esposo é majestoso, luminoso e puro. Nunca poderei ser digna dele.

A presença do pai impediu os irmãos de continuarem a fazer perguntas. Mais tarde eles esqueceram o que foi pronunciado pela pequena. Somente Praxedes guardou-o no coração fiel, e desejou que a irmã se encaminhasse ao encontro de um destino luminoso. Príamo, no entanto, presumiu que um dos deuses tinha se aproximado de sua filha. Isso não lhe parecia um milagre.

Após a partida de Arisbe, o palácio pareceu a todos como se estivesse vazio. Heitor e Páris haviam saído para longas viagens, "à procura de uma noiva", como constava entre o povo. Deífobo tornara-se mais e mais o confidente e substituto do pai, ao passo que Polidoro seguia caminhos próprios, dos quais pouco falava e que causavam muitos dissabores ao pai.

Uma vez Cassandra soube disso. Compaixão pelo pai e indignação a respeito do benquisto irmão agitavam-se nela. Ela bem sabia que ainda era muito nova para falar sobre tais coisas, que ela apenas soubera casualmente. Uma manhã, porém, quando Polidoro voltava do seu passeio noturno e quis entrar furtivamente no palácio, enquanto ela molhava as flores no jardim, ela chamou-o.

— Não tens vergonha, meu grande irmão, de dar um exemplo tão ruim a tua pequena irmã?

Jorrou dela uma mistura de gracejo e desgosto, que fez um efeito muito melhor sobre Polidoro do que a maior descompostura do pai jamais o poderia conseguir.

— Sem dúvida que me sinto envergonhado, pequena, disse ele embaraçado. Por isso venho pelos fundos, quando eu, aliás, poderia entrar livremente pelo portão principal.

— Não faças mais isso, Polidoro! implorou a menina com olhos grandes e suplicantes.

Subitamente mudou a expressão da sua fisionomia. Admirado, o irmão viu como a pequena irmã tomou a aparência de uma adulta. As feições do rosto e o olhar tornaram-se idênticos ao de um vidente e Cassandra disse, parecendo que inconscientemente:

"Nós todos temos necessidade de nos manter tão puros e agradáveis aos deuses quanto possível. Um pesado destino acumula-se sobre Troia, qual nuvens de tempestade. Um dos filhos de Príamo irá desencadeá-lo. Não o sejas tu, Polidoro!"

O irmão não ousou interromper Cassandra com nenhuma pergunta. Ele estava parado diante dela como que fascinado e esperou que ela continuasse a falar. E ela reiniciou:

"A desgraça aproxima-se cada vez mais. Em meio ao arroubo de alegria se descarregarão as nuvens. Tenho medo!"

Com um gemido de dor, a jovem vidente caiu desmaiada aos pés do irmão. Ele carregou-a ao aposento e ordenou a Dínia que cuidasse dela, sem no entanto falar a ninguém sobre o acontecido. Ele estava envergonhado de ter sido a causa do vaticínio. No dia seguinte, Cassandra havia esquecido tudo, aparentemente. Assim era, em geral, depois que ela anunciava algo inconscientemente.

Contudo, esse episódio não ficou sem resultado. Polidoro, profundamente assustado, procurou seriamente melhorar o seu modo de viver. O pai regozijou-se e confiou a esse filho mais novo várias mensagens, que o conduziram para fora do país e lhe renderam honrarias.

Nessa época veio o dia em que Creusa decidiu aceitar o pedido de casamento de Eneias. O esposo era muito mais velho do que ela, mas era o único que estava em cogitação, e ela não quis ficar solteira.

Quase que simultaneamente, Heitor conduziu para casa a graciosa Andrômaca, filha do rei dos tebanos, Eécion, de sorte que o lugar da filha que partiu foi tomado por uma outra. Essa mudança foi para Cassandra de grande importância. Andrômaca estava dominada pelo encanto da pequena, admirava suas capacidades e sabia dar o devido valor a elas.

Sua índole amável conquistou o coração de Hécuba e com isso Andrômaca conseguiu, devagar mas com segurança, que a rainha se interessasse mais pela filha menor do que até então. Onde quer que pudessem surgir divergências ou mal-entendidos, aí Andrômaca procurava harmonizar.

Com uma amizade profunda, Cassandra uniu-se a ela, e a terceira nessa aliança foi Praxedes, cujo amor ao médico Hipômaco levou-a a uma profunda aflição. Príamo não quis saber de uma união matrimonial de sua bela filha com um que nascera sem liberdade. Ele baniu Hipômaco do país. O navio que devia conduzi--lo a sua pátria grega defrontou-se com uma tempestade; soçobrou, e muitos dos passageiros morreram afogados, entre eles o médico.

Desde esse tempo Praxedes ficou como que transformada. A melancolia envolveu-a cada vez mais, até que definhou qual um botão de flor destruído, e baixou prematuramente ao túmulo.

O círculo dos irmãos tornava-se cada vez menor. Hécuba tinha de se conformar que Cassandra tivesse seu lugar na família, se não quisesse ficar de lado. A índole pura dessa filha mais nova facilitava-lhe tudo.

Cassandra vinha ao encontro da mãe com respeito e obediência e tornou-se quase indispensável para ela na casa. Em substituição a Dínia, ela controlava as criadas, e por meio de palavras amáveis e gracejos ela sabia fazer com que até as recalcitrantes ficassem dóceis. Dínia mudara-se para junto de Andrômaca, a qual estava preparando tudo para receber o futuro rei de Troia. Nem ela nem Heitor pensaram sequer um instante que a esperada criança pudesse ser uma menina. Ao consultarem Cassandra a respeito, esta, em lugar de qualquer resposta, disse:

— Chamai o rapaz Astíanax.

Agora não havia mais dúvida para os dois de que eles podiam regozijar-se e esperar o herdeiro.

Numa noite tempestuosa nasceu o pequeno Astíanax, sob a assistência de Dínia. Andrômaca adoeceu muito; a fiel assistente não pôde deixá-la sozinha nem por um instante, e Cassandra, que ainda não completara onze anos, encarregou-se de cuidar do pequeno sobrinho. Ela ficava – apesar de sua preocupação por Andrômaca – indescritivelmente feliz, quando segurava a criança nos braços, e após o restabelecimento de Andrômaca, entregou-a à mãe, contra a vontade.

Em compensação, um outro sobrinho reclamou os seus cuidados: Ascânio, o filho de Creusa e de Eneias, não se dera bem em casa. Sua mãe não tinha tempo para ele; ela preenchia por demais seu tempo com enfeites e quinquilharias, vida fútil e passeios. Ascânio foi levado aos avós, e Cassandra cuidava dele, de modo que ele desabrochava e se fortificava.

— É um fato, disse Andrômaca admirada, que debaixo de tuas abençoadas mãos tudo se desenvolve, seja uma flor, um animal ou um pequeno ser humano.

Cassandra sorria:

— Então pelo menos sou útil em alguma coisa.

Por amor ao pequeno sobrinho, ela começou a manejar a agulha. De todas as ocupações femininas, a que ela menos gostava era da costura.

"A gente tem de ficar sentada tão quieta e fazer um ponto atrás do outro. Desse para costurar à vontade, então eu faria de bom grado; todavia, eu mesma não sei que tipo de vestuário nesse caso cobriria nossos corpos."

Ela teve de rir desse pensamento.

U MA parte da guarnição militar de Troia teve de se deslocar por algum tempo, para rechaçar uma tribo vizinha nas suas fronteiras. Agora as tropas regressavam vitoriosamente, mas traziam consigo muitos feridos e doentes.

A tribo selvagem atirava flechas envenenadas que não tinham efeito mortal em ferimentos leves, porém o veneno não deixava as feridas sararem e, em consequência, surgiam no corpo inteiro prolongadas enfermidades.

Os médicos não sabiam curá-las, e lamentavam a morte de Hipômaco, o qual entendia de venenos. Foram instaladas grandes salas para acolher os doentes e convalescentes, que ali ficavam deitados, gemendo e lamentando, e amaldiçoando o destino que os condenara a essa vida cheia de tormentos, ao invés de reservar-lhes uma morte rápida e gloriosa.

Príamo comentou o quadro comovente que avistara ao passar pelos recintos. Heitor propôs livrar os infelizes dos seus tormentos por meio de uma ação rápida: devia-se envenenar os alimentos; assim, todo o martírio teria rapidamente um fim.

Hécuba riu ironicamente:

— Por que se incomodar com coisas que não nos dizem respeito? Sim, se no meio deles se encontrasse um dos nossos, então valeria a pena ponderar como se poderia ajudar. Sou da opinião de que não devemos nos preocupar com tais pensamentos.

Andrômaca levantou-se do seu assento e, com um gesto que impôs silêncio, apontou para Cassandra, que estava de pé, na frente da janela, com o rosto lívido levantado para o céu.

— O que tem ela? perguntou Hécuba, que nunca havia visto sua filha nesse estado.

Ninguém respondeu, e nisso Cassandra começou a falar com o tom que nessas ocasiões se manifestava nela e que os outros já conheciam:

"Quem sois vós que quereis encurtar vidas cuja duração é determinada unicamente por Deus? Sabeis se os homens não necessitam desses sofrimentos corporais para deixar sarar as almas?"

A jovem vidente silenciou demoradamente, e até Hécuba estava impressionada. Julgava-se perceber a divindade através das palavras. Sagrados eram esses momentos.

Cassandra continuou a falar:

"Asclépio está me mostrando uma erva que deveis socar e colocá-la com a sua seiva sobre as feridas; estas então sararão. A erva extrai o veneno, e por isso ela deve ser trocada várias vezes ao dia e queimada em seguida. Aqueles que não têm feridas, mas que estão definhando, devem tomar chá dessa erva."

A voz da jovem tornou-se cada vez mais fraca, até que silenciou. Andrômaca, sabendo que ela não continuaria a falar, aproximou-se dela e abraçou-a amavelmente.

— Quais são as características dessa erva, Cassandra? perguntou com insistência.

Já por várias vezes presenciara que Cassandra, ao acordar, não se lembrava de mais nada daquilo que acabava de anunciar. Quis tentar pelo menos fixar na mente o tipo da erva que foi mostrado a ela. No entanto, a jovem meneava a cabeça quando acordou.

— Que erva? perguntou.

Perplexos, os presentes entreolhavam-se. Sabendo como curar, mas não tendo o remédio, de que modo se poderia ajudar?

Andrômaca fez uma outra tentativa.

— Dirijamo-nos imediatamente ao mato para procurar ervas medicinais, propôs ela. Talvez um deus nos seja misericordioso.

Munidas com cestas, elas saíram, com dúvidas sobre o resultado de sua caminhada. Andrômaca convidou Dínia a acompanhá-la. Ninguém falou uma palavra desnecessária, até que Andrômaca disse repentinamente:

— Asclépio precisa nos ajudar!

Cassandra olhava para a interlocutora.

— Asclépio, repetia ela pensativa. Asclépio? Quem é esse?

Ninguém respondeu. Andrômaca suplicava fervorosamente aos deuses por auxílio em favor de muitos. Também da alma de Dínia elevava-se uma prece. Então todas as três viram diante de si uma figura luminosa. Esta era delicada e transparente, mas apesar disso nitidamente reconhecível.

"Asclépio!", jubilava Cassandra inconscientemente. "Tu me trazes a erva?"

A figura apontava para uma erva verde-escura e crespa. Cassandra apressou-se a colhê-la, e a aparição desapareceu.

Acordando, volveu-se para as outras:

— Vede que erva singular!

Admiravam-na, sem falar sobre o acontecimento vivenciado. Nunca tinham visto tal planta, contudo agora ela parecia existir por toda parte.

Exultantes, elas chamavam a atenção uma da outra para o fato. Colhiam ininterruptamente, e logo as cestas estavam cheias.

— O que faremos com as ervas? perguntou Cassandra.

Andrômaca explicou-lhe que a erva deveria ser utilizada como remédio para os guerreiros enfermos.

Dínia e Andrômaca trataram de socar as ervas e preparar o chá. Depois Cassandra pôde dirigir-se com elas até onde estavam os guerreiros e auxiliá-los.

O ar dentro dos grandes recintos dos doentes estava abafadiço, apesar de todas as janelas estarem abertas.

— Tirai os telhados e esticai panos de linho sobre as salas, como proteção contra os raios do Sol, aconselhou Cassandra.

A ideia agradou aos outros e foi posta em prática imediatamente.

Onde foram aplicadas as ervas, ali se espalhava um cheiro agradável, que parecia como se trouxesse em si a esperança da cura. As dores eram aliviadas, e os rostos contorcidos normalizavam as suas feições!

— Graças a Asclépio, murmurava Andrômaca.

Ela instruiu os enfermeiros para que aplicassem de modo certo as ervas, que ela prometeu trazer em quantidade suficiente. Em seguida elas se dirigiram novamente à floresta.

Enquanto colhia as ervas, Andrômaca analisava o enigma Cassandra. Como era possível que essa mocinha ainda tão jovem fosse agraciada com tais vaticínios e depois não se lembrasse de mais nada? Caso Cassandra não fosse tão sincera e pura, então podia-se pensar numa simulação para algum fim. Isso, no entanto, era impossível de ocorrer com a pequena. À noite, ela falou com Heitor a respeito. O esposo sorriu:

— Não quebres a tua bela cabeça com tais coisas, gracejou ele, bem-humorado. Nós não conhecemos Cassandra diferente. Provavelmente isso tem de ser assim.

Andrômaca, porém, não se pôde conformar. A quem ela poderia perguntar? Deífobo não era lá muito inteligente, mas estava intimamente ligado a Cassandra. Talvez ele soubesse uma explicação para isso.

Admirado, o jovem olhava para a interlocutora.

— Tu és tão inteligente, Andrômaca, e não compreendes isso? disse ele quase repreendendo. Quantas vezes Cassandra tem de ver e anunciar coisas graves e sombrias? Quantas vezes ela exorta os outros a livrarem-se de seus pecados, dos quais a sua alma pura nada pressente? Se ela estivesse ciente de tudo o que tem de dizer por ordem dos deuses, então a sua alma ficaria carregada! Por isso deuses bondosos colocaram-lhe uma venda diante dos olhos. Ela vaticina, mas não vê, ela fala, mas não sabe nada disso. Assim é, terminou ele com um suspiro de alívio.

A explicação tinha-se tornado mais prolongada do que era o seu costume.

As ervas produziam um efeito milagroso nos enfermos. Os guerreiros, um após outro, puderam deixar, restabelecidos, o local onde padeciam. Sentiam-se revigorados e alegremente animados. Onde quer que as três assistentes aparecessem, saudavam-nas alegres e gratas aclamações.

Já fazia algum tempo que elas não iam buscar dessas ervas. Por precaução, pretendiam colher para armazenar, porém a partir do dia em que não necessitavam mais de imediato da planta, não a encontraram em lugar nenhum. Ela estava como que desaparecida da face da Terra.

— Deve ter passado a sua época, opinava Andrômaca. Vamos juntar a tempo uma reserva, no próximo ano.

Cassandra, contudo, sorria:

— Os pequenos auxiliadores das plantas e da terra não querem que tornemos corriqueiro aquilo que nos deram na necessidade. Nós devemos pedir constantemente e agradecer por isso. Tivéssemos sempre a erva, então esqueceríamos a gratidão por ela. Não significaria mais nenhum milagre para nós.

— Tu podes ter razão, Cassandra. Mas o que falas de pequenos auxiliadores? Podes vê-los? Andrômaca perguntou isso fervorosamente.

— Sempre, desde que me lembro, eu os vejo. Apenas estou admirada de vós também não os verdes. Eles são diferentes entre si. Mas... não gostam que se fale sobre eles.

Por ordem do pai, Heitor mudara-se para a fronteira ocidental do reino. Corriam rumores, procedentes de lá, sobre invasões de bandidos, roubos de rebanhos e raptos de mulheres. Heitor deveria restabelecer a ordem com a agudeza da espada. Andrômaca resolveu acompanhar o marido. Dínia assumiu o cuidado do pequeno Astíanax e estava inteiramente ocupada com isso.

Dessa maneira Cassandra estava muitas vezes sozinha e dependendo de si mesma. Isso lhe convinha. Ela estava afeiçoada às duas fiéis: Andrômaca e Dínia; mas, quando estava a sós, aproximavam-se dela outros que comumente se mantinham afastados dos seres humanos. E esses outros traziam alimento à sua alma.

Até então ela não percebera isso assim, e não se dera conta disso. Agora, porém, procurava conscientemente a solidão, para abrir-se intimamente a tudo que afluía para ela.

Frequentemente se sentia traspassada pelos raios do Sol, que sempre deixavam, em seu íntimo, luz e clareza, calor e vida. Algumas vezes o vento lhe soprava mensagens, que faziam surgir em sua alma quadros dos planos extraterrenos. Outras vezes parecia como se as flores e as pedras, os animais e as ondas falassem a ela. Sempre era alguma coisa diferente e bela. E quando Cassandra pensava retrospectivamente, então ela verificava que no fundo sempre tinha sido assim, só que com o decorrer dos anos isso se tornara mais nitidamente perceptível. Sabia agora que aquilo que ela percebia como se fossem raios do Sol da matéria vinha de outras fontes, ainda desconhecidas para ela.

Ela não era de índole cismadora. O que se lhe aproximava, ela recebia singela e gratamente. Sentia que com isso crescia interiormente. Uma compreensão de todas as coisas amadurecia nela e tornava-a feliz.

Como ela desistira das caminhadas longas e solitárias, permanecendo a maior parte do tempo na companhia de Andrômaca e Dínia, Astor tornou-se assim dispensável como companheiro para ela e foi utilizado como cão de guarda no pátio do palácio, por ordem do pai. Inicialmente lhe custou muito separar-se do fiel amigo. Agora ela sentia como um benefício não ser mais estorvada por ele em suas meditações, e não estar sempre sendo observada pelos grandes e vigilantes olhos do cão.

De preferência ela procurava um pequeno bosque, que a protegia de todos os olhares curiosos. Lá existia um banco arrelvado, magnificamente apropriado para se repousar sobre ele. Ali ela ficava deitada, com as mãos cruzadas embaixo da cabeça, e se entregava a tudo que traspassava sua alma.

Aconteceu, certo dia, que lhe envolveu o perfume de maravilhosas flores, tão deliciosamente, como nunca tinha vivenciado ainda. Fechou os olhos para não se deixar perturbar por nada. À fragrância associaram-se delicados sons, vibrando encantadoramente, os quais pareciam abranger a sua alma, para que vibrasse junto e se elevasse mais e mais para o alto. Sentiu-se como que elevada, e uma grande bem-aventurança preenchia-a totalmente.

"Tomara que isso nunca termine!", pensava ela, semiconsciente.

Porém, isso findou, pelo menos o vibrar e o flutuar. Afigurava-se para ela como se fosse colocada suavemente lá, de onde parecia promanar toda aquela afluência extraterrena.

Não sabia mais nada do seu corpo; sua alma abria os olhos, ampla e confiantemente. Ela encontrava-se no meio da mais exuberante abundância de flores vermelho-escuras e com muitas pétalas, que inclinavam suas corolas cheias de fragrâncias. Pequenos entes, com asinhas brancas, semelhantes a crianças, flutuavam em volta delas, como uma nuvem; sons maravilhosos envolviam-na.

Bem-aventurada, olhava em redor de si: ela estava na Pátria! Tudo, tudo lhe era familiar. Ela pertencia a essa região! Um júbilo sem-par embevecia o seu ser. Sua alma aspirava profundamente o ar e o brilho da Pátria.

Passaram horas até que acordou novamente sobre o banco arrelvado. Sentia-se fortalecida e satisfeita, tomada por uma nova sensação de proteção. Não tinha nenhuma noção daquilo que vivenciara. Apenas se lembrava que isso fora algo indizivelmente bem-aventurado. Um cantar e um soar perpassavam sua alma.

Quando ela compareceu à refeição, no círculo dos seus, pairava sobre ela um brilho áureo, de modo que todos levantaram os olhos.

— Onde estiveste, Cassandra? quis saber Hécuba.

— No jardim, mãe, disse a filha; porém, para evitar mais perguntas, acrescentou: devemos plantar nova verdura no lado norte do palácio. A que nós semeamos na sombra, não cresceu.

Solicitamente, tomou parte nas deliberações sobre o que deveria ser plantado. Ela não teria suportado se fosse interrogada sobre a sua vivência.

Nem todos os dias ela podia seguir os seus próprios desejos e retirar-se para o banco de relva. Frequentemente havia trabalhos a fazer na casa, que a prendiam, e às vezes tinha de ajudar os irmãos. Se, porém, ficasse livre, então ela se apressava em ir, com muito mais alegria, ao encontro do belo que a solidão lhe proporcionava.

A vivência repetiu-se tantas vezes, até que pôde apegar-se a ela, conscientemente, e alegrar-se com isso também em momentos propícios. Essa vivência tornou-se cada vez mais bela, as figuras luminosas tornaram-se mais graciosas e o retinir mais magnífico e multíssono. Na última ocasião, até ouviu o som de uma linda voz. Cassandra não se lembrava mais do que esta falara; contudo, ela a ouviria novamente, disso tinha certeza.

O estirar-se sobre o banco de relva tornara-se incômodo para ela. Sentou-se e encostou a cabeça no tronco de uma palmeira. Novamente a sua alma começou a vibrar, até que se sentiu elevada ao reino das flores de todas as bem-aventuranças. Assim ela denominava a sua Pátria lá em cima, quando pensava nela.

Todas as impressões estavam mais fortes e ricas do que antes, e agora ela ouvia novamente a recente e, contudo, conhecida voz:

"Maria!"

Que nome! Referia-se a ela?

"Maria!"

Preencheu-a uma bem-aventurança, que a elevou e a compeliu a seguir o som. Pela terceira vez a voz chamou:

"Maria!"

Nesse momento irrompeu jubilante dela:

"Mãe, mãe, és tu que me chamas?"

"Sim, minha querida filha."

Diante de Cassandra se encontrava uma figura feminina de indescritível beleza. Sobre a sua cabeça brilhava uma coroa, cujas pedras pareciam traspassar os mundos com o seu fulgor.

O espírito de Cassandra aproximou-se silenciosamente da imagem primordial de toda a feminilidade, da rainha Elisabeth.*

"Mãe", disse ela em voz baixa.

Mãos abençoantes abrangiam a cabeça de Cassandra.

---

* Vide a obra "Na Luz da Verdade" de Abdruschin.

"Amadurece para a tua missão, minha filha, para que se cumpra o teu destino. Será penoso. Contudo, nunca sentirás falta de auxílio. O saber sobre a tua Pátria te acompanhará doravante, a fim de que possuas um firme apoio em meio às lutas e inseguranças terrenas!"

Cassandra encontrava-se sozinha no meio das suas flores, preenchida com as visões e vivências. Então ela sentiu como baixava suavemente.

Foi acordada com chamados em voz alta. Quando abriu os olhos, viu Hécuba diante de si, olhando repreensiva para a filha, que dormia ali em pleno dia. Amável e paciente, Cassandra deixou passar sobre si todas as invectivas da mãe. Assim como a mãe a viu, tinha razão de ficar aborrecida.

— Deixa-me recuperar, com duplicado afinco, aquilo que negligenciei, pediu ela humildemente. Dize-me qual o serviço que tenho a executar.

— Serviço? disse Hécuba. Não há serviço. Mas é inconveniente que tu durmas aqui fora, de dia.

Toda a traquinice que sempre ainda dormitava na filha, manifestou-se. Sorrindo, olhou para a mãe:

— De noite, certamente, isso seria muito mais inconveniente.

Hécuba quis zangar-se, porém quando viu os olhos divertidos diante de si, aderiu à risada alegre de

Cassandra. Como se nada tivesse acontecido, caminharam as duas em direção ao palácio.

Cassandra, entretanto, meditava sobre a nova experiência. O que foi que a ajudou a transformar a indignação da mãe para o oposto? O saber sobre a sua Pátria luminosa fortificou-a, de modo que ela não se sentiu magoada com a represão da mãe. Pela primeira vez o seu coração não se contraiu com o pensamento: "esta é a mãe!"

Cassandra sabia que a sua belíssima e bondosa mãe se encontrava no luminoso reino, lá nas alturas. Quem era então Hécuba? Os pensamentos precipitavam-se na jovem. Hécuba a tinha gerado. Chamava-a de mãe. Mas era ela, isso que Hécuba deu ao mundo? Não. Era somente o corpo terreno, que ficava para trás, cada vez que ela ia a sua Pátria luminosa.

Agora via nitidamente: ela era Maria e pertencia ao reino da Luz e da paz. Porém, para cumprir a sua missão, da qual a mãe celeste falara, ela era Cassandra, cujo corpo terreno tinha Hécuba como mãe. Assim devia ser! Contudo, qual era a atuação de Maria como Cassandra, aqui sobre a Terra? Isso ela teria de perguntar à sua verdadeira mãe.

Nesses dias a jovem tornou-se uma donzela, cujo anseio se dirigia para o alto e que procurava aqui na Terra cumprir fielmente os seus deveres. Nessa transição, ela tornara-se inconstante em sua índole. Com alegria juvenil e uma traquinice infantil tornava o seu ambiente feliz, para então, repentinamente, dar lugar a uma profunda seriedade, que transcendia em muito a sua idade.

E novamente irradiava dela algo, e para isso os seres humanos não achavam nenhuma designação. Andrômaca denominava-o "o divino". Com fina intuição, ela manifestava diante de Cassandra a melhor compreensão. Suas relações mútuas tornavam-se cada vez mais íntimas.

A donzela desabrochava graciosamente. Sua beleza sobrepujava em muito a de suas irmãs. Cada um de seus movimentos denotava graciosidade. Usava trajes de acordo com o seu próprio gosto, que diferia dos costumes de até então. Não gostava de joias. Preferia uma fita, em lugar do mais precioso diadema, e uma flor, pregada em qualquer lugar do vestuário, agradava-lhe mais do que uma luxuosa fivela. Os braceletes, que as suas irmãs usavam em excesso, ela desdenhava.

— Não quero tinir sempre com algemas de escravos, replicou ela às exigências de adornar seus belos e alvos braços com argolas prateadas ou douradas.

Usava sempre mangas compridas e largas. Achava feios os vestidos sem manga, que eram abotoados nos ombros por meio de fivelas presas sobre diversas preguinhas. Também brincos causavam-lhe desagrado.

— Se pudésseis contemplar-vos com as quinquilharias bamboleantes, censurava as outras, que exigiam admiração pelo abundante adorno. Se as escravas trazem a marca dos seus senhores nas orelhas, então isso não é bonito, mas útil. Isso posso compreender. Mas vós não sois escravas; por que vos rebaixais com aquilo que a dizer a verdade deveria significar uma vergonha para vós?

Seus vestidos atingiam até as pontas dos pés. Ela desdenhava pôr à mostra seus bonitos pés ou até metade das pernas, como tinha-se tornado moda pelos vestidos franzidos na frente.

— Vós ainda caireis no ridículo! acrescentou ela, criticando.

Andrômaca ficou envergonhada e imitou os trajes da jovem donzela. Só assim se via como sua figura era bonita, e às outras tornou-se evidente que, pelo ousado franzimento, alargavam e encurtavam a estatura deselegantemente.

Uma após outra modificavam o vestuário, embelezando assim muito a sua aparência. Que a isso também se ligava um proveito interior, isso não se tornou claro a nenhuma das mulheres. Não queriam, contudo, desistir das suas joias, e zombavam e riam da pobreza de Cassandra. Nem a amável persuasão de Príamo, que não queria ser considerado como um pai que não dava joias à sua filha mais nova, nem as oportunas admoestações de Hécuba conseguiram fazer Cassandra mudar de opinião a respeito.

— Talvez eu me enfeite quando estiver velha e feia, disse ela rindo.

Provocou, porém, com isso, uma tempestade de indignação nas outras, que não se julgavam velhas, nem feias.

C ASSANDRA voltou muitas vezes a sua Pátria luminosa; também durante a noite ela pôde flutuar até lá, porém a mãe primordial não viu mais. A sua imagem pairava luminosa diante da alma da jovem. Ela sentia-se tão feliz, que isso a satisfazia plenamente; nenhuma saudade doentia a debilitava.

Ela completava agora catorze anos de idade, e toda a Troia festejou esse dia.

Teve de escutar muitos gracejos: que agora ela estava madura para o casamento e apenas precisava escolher, que de todas as partes viriam os príncipes e os reis para pedir a sua mão junto a Príamo, e que a fama de sua beleza já teria corrido mundo.

Rindo, Cassandra tapava os ouvidos.

— Não quero casar! exclamou ela algumas vezes.

— Toda jovem diz isso, até que surja o pretendente preferido, foi-lhe respondido.

"O pretendente preferido", repetiu ela pensativa, e em silêncio refletia sobre as qualidades que deveria ter esse preferido.

Nesse momento pairava diante de sua alma uma figura régia, radiante e triunfante, um luminoso herói.

Ela já o contemplara na realidade, mas não aqui sobre a Terra. Ele devia pertencer a sua Pátria eterna, e ela pertencia a ele. Agora estava ciente disso.

Príamo deu-lhe dois aposentos e criadagem própria, em sinal de sua entrada no rol dos adultos. Ela pôde mobiliar os aposentos de acordo com o seu próprio gosto e escolher sozinha as camareiras.

Como o rei era benévolo em vir ao encontro de seus desejos! Cassandra agradeceu-lhe cheia de alegria. Para ela era a maior alegria escolher sozinha ou mandar fazer, por suas indicações, os objetos que deviam adornar os seus aposentos.

Depois que estava tudo pronto, ela convidou os seus para visitarem o "reino de Cassandra". Esperavam ver algo de extraordinário e nessa expectativa eles não ficaram desiludidos. Tudo irradiava beleza e combinava harmonicamente no conjunto. Às vezes era somente a maneira como dois objetos estavam justapostos o que lhes dava um cunho novo.

Polidoro, que regressara havia poucos dias de uma longa viagem e que se vangloriava de seus conhecimentos sobre costumes e mobiliários estrangeiros, elogiou sobejamente os aposentos da irmã mais nova, dizendo que sobrepujavam tudo o que ele já tinha visto de belo até então.

— Com o teu gosto, ainda ficarás famosa, pequena! exclamou ele entusiasmado. Pode-se ver algo mais maravilhoso do que esta moldura de espelho, de cuja prata cintilam rubras pedras preciosas iguais a flores? Quando estás parada na frente dele tua beleza é insuperável.

Hécuba censurou, um pouco irritada:

— O que Cassandra despreza como adorno pessoal, isso ela aplicou perdulariamente nos seus aposentos. Vê, Polidoro, ela não porta nenhum enfeite e nenhuma pedra preciosa!

— Isso é particularmente lindo, asseverou o irmão, calorosamente. Quem é tão bela como Cassandra não necessita de adorno.

Para tornar especialmente festivo o dia do aniversário da filha mais nova do rei, os nobres de Troia haviam preparado um festival artístico, em que várias cenas deviam representar a vida dos deuses. A coroação de Afrodite, a deusa da beleza, era o ponto culminante. Muitas homenagens a Cassandra estavam evidentes ou ocultas nos versos.

A representação artística foi feita no parque. Todos os espectadores manifestavam elogios; somente Cassandra enfastiou-se. Isso não eram deuses! Assim a gente não devia imaginar os celestiais! Agora mesmo apresentara-se Apolo diante dos espectadores, seguido pelas musas, que eram conhecidas pelos seus atributos.

"Ó luminoso!", suspirava Cassandra intimamente. Mas então ela imaginou como seria se Apolo se colocasse ao lado dessa reprodução de sua imagem e se ao mesmo tempo se tornasse visível a todos! Isso a estimulava irresistivelmente a rir. Com grande esforço ela procurava dominar-se. Mal conseguia conter o riso, e este já era provocado de novo. Por fim Cassandra desconcertou-se. Ela ria tanto, que as lágrimas lhe escorriam pelas faces.

Chegou a vez da apresentação de pequenos anjinhos. No entanto, para isso não tinham sido escolhidas crianças, mas sim moças. Seus vestidos, confeccionados segundo a moda, foram completados com asas de tecidos onde penas foram costuradas. Não havia beleza nelas, porém elas mesmas se julgavam bonitas.

Cassandra comparou essas criaturas com os anjos que ela vira lá em cima, e essa confrontação provocava-lhe novamente o riso. Ela apertou um pano contra o rosto, pois não queria ofender essa gente, que tinha em mente oferecer o melhor. Os artistas supunham que a emoção diante de tanta beleza tinha dominado a jovem princesa, que via pela primeira vez na vida uma apresentação artística. Sentiam-se com isso honrados e ricamente recompensados.

Depois que terminou o festival, ainda se falava no círculo da família sobre os acontecimentos do dia.

— Se eu soubesse apenas o que tanto estimulou as tuas risadas, Cassandra? perguntou Príamo com amabilidade. Foi bom que ninguém notou quanto riste. Eles julgavam que era comoção ou um acesso sufocante.

— Quase que resultou nisso, riu a homenageada desenfreadamente. Imaginai se os deuses tivessem se apresentado visivelmente ao lado dessas caricaturas!

— Eu achei Apolo e Afrodite maravilhosos, censurou Hécuba. Os próprios deuses não os podem superar!

— Mãe, não deixes os deuses escutarem isso! exclamou Cassandra petulante. Apolo é mais belo do que homem algum jamais pode ser. Afrodite ainda não vi, mas creio que também ela superará em muito a deusa representada hoje. Oh! e os anjos!

Novamente Cassandra teve que rir tanto, que lhe escorriam lágrimas.

— Pois tu ainda és muito pueril para apreciar essas coisas, repreendeu a mãe. Teremos que deixar passar alguns anos, até que possas participar de novo.

Se ela julgou ter castigado Cassandra com isso, então estava enganada. A filha sentiu-se aliviada, porque no futuro não seria obrigada a se enfadar diante dessas apresentações. Ela sabia aproveitar melhor o seu tempo.

Em atenção a seus insistentes pedidos, o pai, por fim, mandou que lhe dessem aulas. Um grego, que viera parar na costa de Troia, tornou-se seu professor de leitura e escrita.

Contudo, a matéria predileta dela era a ciência dos astros, na qual era instruída por um velho egípcio, que já havia muito tempo vivia na corte do pai. Indicava-lhe o curso dos astros, e de suas posições podia ler coisas importantes. Também o destino humano ele sabia interpretar nesses signos chamejantes.

Um dia Cassandra pediu-lhe que lesse o seu destino nos astros. A mãe primordial tinha falado da "consumação do seu destino". Cassandra gostaria de saber como se entendia isso. Talvez ela pudesse sabê-lo através das estrelas.

Ingenuamente, o ancião acedeu ao seu desejo. Ele ajustava os seus instrumentos, escrevia e calculava. Súbito, anuviou-se a sua testa.

— O que tens, Akkore? perguntou sua aluna preocupada. Vês escrito algo de grave para mim, lá em cima?

Akkore juntou os seus cálculos.

— O trabalho não me quer sair bem hoje. Temos que adiá-lo para outra ocasião.

Cassandra despediu-se e desceu da torre de vigia, em cujo aposento mais alto residia o sábio dos astros com seus apetrechos.

No dia seguinte correu em Troia a notícia de que o velho Akkore fora encontrado destroçado ao pé da torre. Ele teria se precipitado de cima durante a noite. Antes disso, ele destruíra os seus cálculos e os seus instrumentos.

Provavelmente enlouqueceu! Talvez ele tenha lido algo de grave nos astros? Assim se comentava.

Cassandra lamentou sinceramente a morte do velho mestre. Não lhe acudiu à mente relacionar a sua morte com o conhecimento do futuro destino dela.

Bondosas e luminosas mãos seguravam uma venda diante dos seus olhos.

Já por duas vezes Páris regressara das suas viagens sem ter encontrado aquela que lhe parecesse desejável como futura esposa. Às perguntas que lhe foram feitas, ele respondeu que Afrodite lhe prometera pessoalmente a mais bela mulher para esposa; ele queria esperar até que a deusa cumprisse a promessa.

— Dessa maneira nunca te casarás, admoestava Príamo. Procurarás durante metade da tua vida e desperdiçarás esse tempo!

— O que tens a criticar em Polixene, filha do príncipe que é nosso vizinho? indagou Hécuba. Ela é bela, jovial e tem saúde, e o seu pai domina um grande reino.

— Ela é inculta e indolente, e a sua beleza não é do meu gosto, redarguiu Páris, mal-humorado.

Por fim também Cassandra fez uma tentativa de aconselhá-lo.

— Não gostarias de casar com Andrômeda, a irmã mais nova de Andrômaca, irmão? perguntou ela, interessada. A gente não pode imaginar alguém mais amoroso do que Andrômaca.

— E então tu és da opinião de que a irmã mais nova deva ser igual à mais velha? Pois lembra-te de como

Praxedes e Laódice eram diferentes. Realmente, quem se afeiçoasse a Praxedes, teria ficado amargamente decepcionado com Laódice. Não, irmãzinha, não te incomodes, Afrodite conduzirá uma mulher a mim.

Páris não pôde mais habituar-se direito à vida na corte real de Troia. Não havia ali nenhum lugar para ele e nenhuma atividade que o satisfizesse. Devido às suas longas ausências, tinham-se arranjado sem ele e estavam acostumados a viver assim. Agora o pai e os irmãos tentavam, aliás, deixá-lo participar de tudo, mas ele precisava de independência e desenvolvimento de seu próprio ser, sem interferências.

Por outro lado, a mãe, cujo orgulho despertara ao ver o filho particularmente belo, quis mimá-lo e tê-lo permanentemente em volta de si. Isso ele não suportava. Assim, quando ele anunciou que queria partir novamente para uma viagem pelo mundo, pela última vez, isso foi um alívio para todos. Ele só voltaria depois de ter encontrado a esposa que lhe conviesse.

Na véspera de sua partida, estavam sentados juntos Príamo, Hécuba, Heitor, Andrômaca, Deífobo e Cassandra. Polidoro encontrava-se numa das suas viagens, Creusa e Eneias permaneciam, desde alguns meses, nas ilhas gregas, para onde o erudito se dirigira com o fito de se dedicar a estudos.

Eneias era muito mais um herói da palavra do que da espada. Príamo deixou que ele fizesse o que bem entendesse, pois todos ficavam contentes quando

Creusa não aparecia para perturbar a paz. O descontentamento e o mau humor que ela manifestara na sua infância aumentaram com os anos. Ela sempre se sentia de alguma forma prejudicada, olhada por alto, posta de lado ou até magoada propositalmente. Até sobre o seu matrimônio ela acusou os pais, se bem que Eneias era um esposo carinhoso. Porém, os pais poderiam ter sabido que esse homem bastante mais velho não lhe poderia oferecer as distrações a que seu coração estava apegado!

Nesse momento Heitor recomendou ao irmão que observasse a Grécia, melhor do que até então. Lá estariam reunidos muitos nobres heróis; principalmente Aquiles, do qual já se ouvira falar muito. Nisso Cassandra levantou-se e caminhou até a janela. Afastando para o lado o tapete que pendia na frente dela, olhou para fora, dentro da noite. Diante disso, todos sabiam que a jovem vidente iria falar. Uma silenciosa expectativa dominava o aposento.

Como que de longe, misteriosa como jamais soou, manifestou-se a voz de Cassandra:

"Ai de nós, agora inicia-se o terrível destino de Troia! Os filhos trarão a mágoa para dentro dos muros. Os cabelos de Hécuba branquearão sob o peso da dor. Príamo reencontrará todos os seus filhos no jardim de Perséfone, quando ele mesmo, desesperado ante a sorte de Troia, dirigir os seus passos para lá. O mais novo precederá; o pai concluirá o triste cortejo. Ai de nós!"

Todos estavam dominados pelo horror. De que época a jovem falava? Esses acontecimentos pavorosos estavam próximos? Nisso Cassandra começou de novo; dor perpassava sua voz trêmula:

"Filhos devem construir um reino. Troia, porém, sofrerá por causa dos seus filhos! Ela arrancará seus cabelos, e irá contorcer-se de dores. Um filho transformará alegria em aflição, o outro será a causa do desaparecimento da orgulhosa Troia!"

Cassandra ainda ficou parada demoradamente na frente da janela, não falou mais. Enfim, Andrômaca conduziu a extenuada de volta ao seu assento, onde ela tornou a si pouco a pouco. Ninguém quis conversar mais, depois que escutaram coisas tão terríveis. Em silêncio, cada um se dirigiu ao seu aposento.

— Minha última noite, disse Páris à mãe, desgostoso. Ela podia ter deixado ressoar a sua voz de mau augúrio amanhã!

— Tens razão, Páris, é uma voz de mau augúrio, aprovou Hécuba, que, ao falar, pôde livrar-se do horror que envolvia a sua alma. Nunca Cassandra tem alguma coisa agradável a anunciar. Quando ela fala, então se trata sempre de vaticínios sombrios.

— Tu não deves ser injusta, mãe, objetou Páris, que era afeiçoado à irmã e que já se arrependia da sua zanga. Ainda recentemente eu soube como o dom de Cassandra curou os guerreiros envenenados.

Páris partiu; a vida no palácio real de Troia seguia a costumeira rotina.

Veio notícia de Creusa; ela dera ao seu esposo um segundo filho, porém este faleceu logo após o nascimento. Príamo considerou esse falecimento como o início do destino fatal anunciado por Cassandra. Não havia ela dito que o mais novo iria à frente?

Heitor procurou dissipar os pensamentos sombrios do pai, por meio de gracejo.

— Cassandra falou de filhos e não de netos. Tu ainda terás numerosos netos, que continuarão a construção do teu reino, pai.

Cassandra mesma não sabia nada de suas palavras, como acontecia geralmente. Entretanto, um peso comprimia sua alma desde a partida de Páris. Ela não pôde mais se animar a cantar. Ela, que estava sempre alegre, parecia ter perdido o riso.

Hécuba ralhava com a filha.

— Agora era tempo de animares os idosos pais com teu temperamento alegre. Onde está ele? Qual uma figura tristonha vagueias pelos recintos. Sacode de ti a má disposição, filha!

Com mais frequência do que antes, a moça retirava-se para a solidão, procurava o bosque e buscava forças na Pátria luminosa. Ela voltava de lá fortalecida, mas o pesadume que lhe oprimia o coração não se aliviava. Equilibrada, paciente e amável para com todos, nunca realmente mal-humorada, ela executava aliás o seu trabalho, mas parecia como se a felicidade íntima cedesse lugar a uma opressão indefinível.

Um dia Príamo falou seriamente com a filha mais nova. Estava em tempo de ela ser instruída no serviço do templo, se devesse exercer a função de sacerdotisa de Apolo. Perplexa, Cassandra escutava. O que deveria dizer?

O pai expôs os dois caminhos que ela poderia seguir. Primeiro: se ela devotasse toda a sua vida ao deus Apolo, então teria de ser admitida entre as jovens sacerdotisas, deveria aprender as danças e os cânticos e auxiliar as sacerdotisas, até que depois pudesse ser promovida gradativamente.

A dignidade de sacerdotisa superiora lhe seria assegurada com o decorrer dos anos e o dom de vaticinar se aperfeiçoaria cada vez mais. Encontraria plena satisfação por toda a sua vida. Nesse caso, naturalmente, não poderia casar. Mas ela já não dizia sempre que não pretendia casar?

O segundo caminho era o das servidoras do templo. Ela nunca ascenderia além das duas graduações mais baixas; em compensação, estaria livre, em qualquer tempo, para desistir dos serviços do templo, caso desejasse contrair matrimônio.

— E se eu não escolher nenhum dos dois caminhos, pai, tu ficarias aborrecido? Vê, as irmãs também não entraram para o templo de Apolo. Por que eu haveria de fazê-lo?

Cassandra disse isso quase triste. Príamo encarou-a bondosamente.

— Não te obrigo, minha filha. Foi sempre costume que pelo menos uma das filhas do rei se consagrasse a Apolo. Tu és a última. Como nenhuma das outras sentiu em si vocação para isso, eu te propus esse lugar. Pensei também: Apolo presenteou-te com ricos dons e ele pode esperar que tu os utilizes a seu serviço.

— Eu ainda não sei com certeza se recebi os dons realmente de Apolo, exaltou-se Cassandra. Ele me ensinou a cantar, isso foi tudo. O que eu sei e posso além disso, devo a uma condução superior.

O pai sorriu complacentemente.

— Tu ainda és jovem e provavelmente não podes discernir o que te foi propiciado em dons ou de onde estes procedem. Eu, teu pai, digo-te que deves tudo a Apolo. Ele cumulou-te com bênçãos; todas as suas musas tiveram que te presentear com um pouco de seus talentos. Tenho certeza de que ele ficará zangado contigo, se não quiseres servi-lo. Filha, tu vaticinaste coisas graves para o nosso país, sem que o tivesses pressentido. Aplaca os deuses, enquanto te consagras a seu serviço! Se não consideras Apolo suficientemente elevado, então escolhe Ártemis, a pura. Ela te quer bem e se alegrará em poder contar contigo no número de suas sacerdotisas. Farei construir um templo em sua honra. Só não irrites os deuses com a tua recusa.

Príamo entusiasmou-se enquanto falava. Nem tinha tido a intenção de obrigar a filha a servir no templo. Ela deveria ter liberdade de escolha. Somente durante a palestra lhe surgiram os novos pensamentos. Julgou que eles lhe tivessem sido inspirados por Apolo e tornou-se cada vez mais eloquente.

Cassandra torcia as mãos.

— Devo decidir-me hoje, pai? perguntou ela com voz trêmula. Ainda sou bastante jovem. Deixa-me por alguns anos na liberdade, talvez eu faça depois espontaneamente aquilo que hoje ainda não posso reconhecer como certo.

— Se eu apenas soubesse por que te pões contra o serviço do templo! Se relutas em tornar-te sacerdotisa, então entra como servidora no meio das jovens. Tua beleza e graciosidade irão garantir-te, também lá, o primeiro lugar.

— Pai, serve-se no templo por causa da beleza?

Príamo ficou embaraçado. O que deveria responder à filha, que prosseguia com suas perguntas:

— Quem quer servir aos deuses não deve ser em primeiro lugar puro? E não se murmura e se fala de muitas das moças? São elas verdadeiramente servidoras da divindade?

— Neste caso, serve tu entre elas, e elas se tornarão melhores.

Com isso o rei julgou ter levado esse diálogo a um término favorável.

No entanto, para Cassandra adveio uma firmeza, que lhe deu coragem de falar.

— Pai, se eu sirvo e consagro minha vida, então isso deve ser somente para o mais Elevado! Todavia, Apolo e Ártemis não são os mais elevados, e sim, eles próprios apenas são servidores Daquele que rege os mundos.

— Que linguagem estás falando, minha filha? Quem te ensinou tais coisas? Não sabes que com isso blasfemas contra os deuses e os desafias? Sobrevirá desgraça a Troia, se utilizares tão erradamente o dom da vidência que Apolo te deu.

Irritado, Príamo falara isso, mas não intimidou Cassandra, com suas palavras.

— Pai, repito perante ti: não foi Apolo que me deu a vidência. Todas as minhas capacidades, eu as trago da minha Pátria luminosa! Lá em cima, sobre os mundos, eu estou em casa, lá está a minha verdadeira mãe; lá se encontra Deus, que paira sobre todos os deuses! Lá está aquele a quem eu pertenço.

Sua voz tornara-se retininte e os seus olhos estavam luminosos. O pai encobriu o rosto com a mão.

— Vai agora, minha filha, eu não quero obrigar-te contra a tua vontade. Entre nós não se falará mais sobre serviço do templo. Procura ajudar a mãe na casa e não te entregues irrestritamente a teus próprios pensamentos. Isso é tudo o que solicito de ti.

Cassandra retirou-se dali como que atordoada pelo fato de ter a perigosa conversa findado tão inesperadamente. Em seguida Príamo mandou chamar Dínia e perguntou à fiel se percebera em Cassandra sintomas de perturbação psíquica. Ela refutou isso categoricamente e citou Andrômaca, que estava com mais frequência na companhia de Cassandra.

Andrômaca riu. Parecia-lhe inconcebível que um pai pudesse considerar como alienação mental aquilo que elevava a filha acima de todos os outros seres humanos. Príamo, que queria ser levado a sério e que não suportava conversas humorísticas sobre coisas importantes, sentiu-se amargurado com a risada.

Diante disso, ele procurou Hécuba para expor-lhe as suas dúvidas. Ali finalmente ele achou uma ouvinte paciente, alguém que não quis refutar seus pensamentos, mas sim que encontrou inúmeras exemplificações para reforçá-los.

O homem tolo não pressentiu o que ele causara com isso a sua filha! Hécuba comentou isso com as criadas; tagarela, preveniu-as sobre a filha mais nova, que estaria alucinada e diria muita coisa que poderia trazer consequências perigosas. O boato correu e espalhou-se como veneno.

Cassandra não compreendia por que as criadas, nas salas de trabalho, calavam aborrecidas, ou começavam a cochichar, assim que ela entrava. Antes sempre tinha sido cumprimentada alegremente; agora elas se desviavam como se quisessem evitar contato com ela.

Essas atitudes esquisitas influenciaram também os criados e os guerreiros. O respeito que até então fora demonstrado à filha do rei desaparecera.

Ao dar ordens, ela não podia ter certeza se seriam executadas. Um encolher de ombros era a resposta, quando ela pedia explicações a algum faltoso.

Ela queixava-se junto à mãe sobre as criadas. Hécuba dizia em tom apaziguante que Cassandra estava muito mal-acostumada pelo amor excessivo e isso não poderia continuar sempre assim, pois ela não era mais criança. Cassandra sentiu que isso não era a verdadeira opinião da mãe.

Ela recorreu a Dínia sobre isso, que pediu explicações às criadas, quando Cassandra não estava presente. As criadas, porém, sabiam quão intimamente Dínia estava ligada à moça. Elas acautelaram-se em dizer a verdadeira razão de sua conduta. Prometeram tornar-se melhores e esforçaram-se realmente durante algum tempo para serem mais respeitosas e solícitas. Mas esses empenhos eram tão evidentes, que ainda davam mais o que pensar a Cassandra.

Ela sentia-se profundamente infeliz. Não quis desabafar as suas mágoas perante o rei. Temia que ele atribuísse tudo à sua recusa de prestar serviços no templo e interpretasse isso como um castigo dos deuses.

Se ela pudesse ver a sua mãe celeste e consultá-la! Agora se manifestava em seu peito, com ansiedade, saudade da Sublime. Ela, aliás, recebia forças na solidão, cada vez que pedia; contudo, a resposta às suas perguntas, o consolo na sua desolação, ela não achou.

Estava consciente de que queria somente o bem e de que queria ajudar todo mundo com alegria. Procurava reconquistar, ainda com mais fervor, o amor perdido.

E, ENTÃO, chegou o dia que pareceu privar Cassandra também do último apoio: a ligação com a sua Pátria luminosa. Já por várias vezes, quando estava no jardim e procurava o caminho para o alto, ela sentira que estava rodeada por seres cuja presença a perturbava.

Num meio-dia quente e abafadiço, a moça retirou-se novamente para o jardim, procurou encontrar o caminho que levava para cima. Subitamente, sentiu-se circundada por uma luz e envolvida por sons que eram inteiramente diversos do resplendor e retinir do alto.

Esses sons também eram extraterrenos, porém de uma espécie diferente e mais grosseira, que tendia para um encantamento sedutor dos sentidos e fazia o coração palpitar impetuosamente. Em lugar de paz e harmonia, eles traziam inquietação e angústia.

Então ele estava diante dela, o luminoso bem conhecido da sua infância, Apolo,* o mais belo dos deuses. Cassandra fechou involuntariamente os olhos para não contemplá-lo; via-o, sim, mas não com os olhos terrenos. Em nada adiantava fechar-se de todo a ele. Fascinante, ele estava parado em frente dela, exigindo amor e difundindo amor. Ondas de calor envolviam Cassandra, a qual não estava habituada a isso. Era-lhe repugnante.

Nisso soprou, como uma saudação dos páramos luminosos, uma refrescante e deliciosa torrente de ar ao redor dela. Esta lhe trouxe força cuja origem ela conhecia.

"Mãe!", chamou ela, ditosa, "mãe, ajuda-me! Não quero isso que se aproxima de mim!"

E a Rainha primordial ajudou. Véus rosados flutuavam em volta dela e envolviam-na; o manto de Elisabeth encobriu a sua criança, protegendo-a. E uma voz severa e imperiosa, que lhe era bastante familiar, mas que nunca percebera sobre a Terra, chamou, retumbando por toda parte como um eco:

---

* Nota da Editora: Aqui não se trata, naturalmente, de Apolo, o enteal do Sol, e sim de um impostor que queria aproximar-se de Cassandra. Vide *O Livro do Juízo Final*, de Roselis von Sass, capítulo "Da Atuação dos Grandes e Pequenos Enteais da Natureza" – Segunda Parte.

"Afasta-te dela, tentador! Maria é minha!"

Cassandra sentia-se protegida nessa forte ressonância, e com um sorriso bem-aventurado caiu num sono restaurador. Quando acordou, estava sozinha. Havia desaparecido aquele cuja visão lhe fora penosa! A jovem estendeu os braços ao céu e murmurou com fervor:

"Mãe, eu te agradeço! Agradeço também a ti, poderoso auxiliador no perigo, cuja voz ouvi pela primeira vez aqui sobre a Terra! A ti pertenço, isto eu sei!"

Cassandra voltou ao palácio, tomada inteiramente pela vivência, a qual não pôde comunicar a ninguém. Ali encontrou os seus, assombrados e preocupados. Enquanto ela estava aparentemente dormindo no jardim, realizara-se um eclipse do Sol. Isso significava desgraça para Troia.

E agora aproximavam-se novamente dela com acusações secretas e as indagações. "Se os deuses ficarem irados – e isto vai acontecer, pois também os sacerdotes o dizem – então Cassandra tem culpa, porque se recusou a prestar serviços no templo."

Andrômaca fez lembrar que Cassandra já anunciara muito antes a desgraça que sobreviria por culpa de um dos filhos. Ninguém dava atenção às suas palavras. Diante do susto, todos estavam incapacitados de pensar com clareza.

Cassandra retirou-se, perturbada, aos seus aposentos. Hécuba seguiu-a para, na ausência do esposo, persuadir a filha a que se reconciliasse com Apolo.

Andrômaca seguiu-a de imediato ao aposento, com a intenção de proteger Cassandra contra a agressividade da mãe. Ela chegou exatamente no momento em que a jovem vidente começou a contemplar e a vaticinar.

A jovem tinha-se encostado à parede, contra a qual se distinguia o perfil de seu rosto. Seus belos traços estavam desfigurados de dor. Parecia envelhecida décadas. Até os passos de Hécuba estacaram, quando viu a filha assim.

Cassandra, no entanto, começou a falar:

"Ai de ti, pobre mãe! Teus olhos terão que contemplar coisas muito tristes. Torna forte o teu coração, como convém a uma mãe de heróis!"

Diferente do que em outras ocasiões, soava essa advertência, traspassada de dor e compaixão. Por alguns momentos a boca que deplorara a mãe silenciou. Esta quis fazer perguntas, e em sua maneira impetuosa se aproximou mais de Cassandra. Andrômaca segurou-a a muito custo e deu-lhe a entender que o espírito de Cassandra estava longe.

"Vagas vêm e vão, elas erguem e carregam. Elas quebram-se na praia de Troia e trazem um dos filhos. Mãe, pobre mãe, procura teu filho! Agora começa a se consumar o destino de Troia, visto que não quisestes reconhecer a Luz! O mais moço vai, os outros seguirão atrás!"

Novamente um instante de silêncio. O rosto de Hécuba contorceu-se. O medo comprimia o seu coração. Ela não quis ouvir mais nada, porém a voz inexorável, que não parecia terrena, prosseguiu:

"Vagas vêm e vão, elas erguem e carregam. Um navio luta com elas. Ele traz culpa e injustiça. Ondas fecham-se sobre ele e puxam-no para o fundo. Vidas desaparecem e seres humanos afundam. Os culpados ainda não podem passar para o reino de Perséfone. Eles emergirão e serão salvos. Deverão reparar e expiar!"

A voz de Cassandra tornou-se estridente; toda a suavidade desaparecera. A vidente oscilava, de maneira que Andrômaca abraçou-a para ampará-la. E novamente Cassandra começou a falar:

"O segundo filho trará maldição sobre Troia, se ele não tomar outro rumo. O mais novo antecede, os outros seguirão atrás!"

— E Heitor? murmurou Andrômaca, sem querer.

Entretanto, Cassandra parecia ter entendido; seu espírito captou aquilo.

"Heitor! Ele, o magnífico, tombará por culpa do irmão. Ai de Troia! Ai dos filhos de Príamo!"

Hécuba, atormentada pelo medo, caiu desmaiada. Sua queda provocou um eco abafado e acordou Cassandra, a qual, amparada por Andrômaca, procurou a sua cama e caiu num sono profundo.

Somente então Andrômaca correu para junto da rainha. Por alguns instantes ela contemplou o rosto desfigurado pelo horror e pelo medo. Não se via mais nenhum traço de beleza; a esposa de Príamo assemelhava-se a uma megera. E essa mulher queria dominar Cassandra! Essa mulher teve a ousadia de dirigir Cassandra segundo sua vontade!

Se Hécuba morresse agora, isso seria melhor para a filha, talvez para toda Troia. Andrômaca virou-se com aversão, prestes a sair. Que a rainha ficasse deitada ali, até que acordasse por si ou nunca mais! Porém, então, predominou o pensamento de que os deuses sabem melhor por que eles ainda deixam tais criaturas humanas andar sobre a Terra. A ela, Andrômaca, não cabia determinar sobre isso.

Cuidou da desmaiada. Todavia, quando Hécuba abriu os olhos, Andrômaca chamou as criadas, para que continuassem a tratar dela. Agora ela não podia falar com a rainha sobre aquilo que haviam acabado de ouvir.

Tivesse feito isso! Para Hécuba era uma necessidade profunda expressar todo vivenciar, imediatamente, por palavras. Quanto mais rápido ela pudesse tornar triviais todas as impressões, tanto mais lhe agradava. Ela contou às servas qual fora a causa do seu desmaio.

O assombro, as suspeitas e os lamentos das ouvintes lhe faziam bem. Foi um alívio para a sua alma torturada, quando uma das moças pôs em dúvida as palavras de Cassandra.

— Rainha, tu sabes que a tua filha mais nova está abandonada pelos deuses. Ela está alucinada quando fala. Em tais momentos as formas sombrias dos seus pensamentos confusos se expressam.

Essas sentenças caíram no espírito de Hécuba como um consolo. Ela fortaleceu-se com isso e animou-se a rebaixar, por seu turno, tudo o que ouvira. Toda bênção ela transformou em maldição!

Enquanto isso, Andrômaca estava sentada ao lado da cama do seu filhinho e refletia sobre o acontecido. Também a sua alma estava cheia de medo. Caso o destino de Troia se consumasse terrivelmente, também Heitor estaria entregue a uma morte prematura.

Lágrimas escorriam pelo semblante sério. Embora profundamente abalada, conseguiu reconfortar-se para concentrar a alma em oração. Ela suplicava aos deuses que desviassem misericordiosamente a maldição da querida cabeça de Heitor. Implorava com mais fervor por forças para suportar tudo o que ainda viria.

P RÍAMO trouxe a notícia de que pescadores residentes nas ilhas situadas nas proximidades da costa teriam recolhido destroços de um navio. Ele receava que essas pranchas, que se identificavam por várias pinturas, pertencessem ao navio de Páris. O que teria acontecido? Já fazia muito tempo que Páris partira. Nenhuma notícia dele chegara a Troia. Teria sofrido um naufrágio na viagem de regresso, devido a uma tempestade? Teria sido salvo?

Hécuba nada quis saber sobre isso.

— Eu soube tanta coisa sombria, enquanto tu estiveste distante daqui, meu esposo, exclamou ela mal-humorada. Poupa-me ao menos essas suposições que provavelmente não têm fundamento.

O rei assustou-se. O que Hécuba teria ouvido? Teria Cassandra visto coisas sombrias? Procurou Andrômaca e encontrou a sempre equilibrada, singularmente mudada. Quando a interpelou, ela rompeu em choro e demorou a responder. Então relatou, da melhor maneira possível, o que Cassandra tinha vaticinado.

Ele apenas quis ouvir aquilo que pudesse consolá-lo. Páris provavelmente sofrera naufrágio, mas fora salvo. Qualquer que fosse a culpa com que ele se sobrecarregara, ele poderia expiar. O filho haveria de voltar!

Mandou sentinelas à praia, que deveriam ficar à espreita de barcos e navios. Os guardas das torres foram instruídos para duplicarem a sua vigilância. Com vistas penetrantes eles perscrutavam a costa.

Hécuba, no entanto, procurava abafar a angústia do seu coração nos afazeres. As criadas gemiam com a carga que lhes foi imposta e com a pressa a que foram compelidas. Mal um trabalho estava terminado, já deveria ter sido iniciado um novo e Hécuba ralhava por este já não ter sido feito. Ela mesma estava tão ativa como jamais o fora em toda a sua vida. O desassossego de sua alma impelia as mãos a trabalhar.

Algumas mulheres e moças estavam lavando roupa no único lugar raso da costa. O vento soprava e secava as peças molhadas, mas impelia a água nos olhos das lavadeiras. Seguidamente soltava-se um ou outro pano das cabeças e flutuava qual uma bandeirola em volta do cabelo, ou era levado pelo vento ao mar, o que sempre provocava altas risadas das moças. A rainha compareceu pessoalmente para controlar o serviço.

— De que estais rindo, moças? Apressai o serviço! Antes de o sol desaparecer no horizonte, a roupa tem que estar lavada.

Ninguém retrucou; porém, uma vez desencadeadas as risadas, estas não se deixavam reprimir tão facilmente, e aqui e acolá ainda se ouvia alguma risada reprimida. Zangada, Hécuba caminhou adiante no seu modo de andar nervoso, que ultimamente se lhe tornara hábito. Mantinha o olhar abaixado, nem o imenso mar, cujas ondas se moviam hoje como que brincando em direção à costa, nem o límpido céu azul puderam distraí-la dos seus pensamentos cheios de preocupação.

Nisso ela divisou, distante dali, algo deitado no chão. Tinha a aparência de uma viga, arrojada à terra. Ela lembrou-se de que Príamo contara de um naufrágio. Talvez ela pudesse deduzir alguma coisa através dessa viga. Apressada, caminhou em direção ao objeto. Não era uma viga, era um ser humano! Teria uma das servas se deitado ali para dormir? Ela acelerou mais ainda os passos e viu… um morto.

As ondas tinham-no lançado à terra. Estirado, jazia ele sobre a areia branca. O precioso vestuário estava parcialmente arrancado do corpo pelo embate das ondas. Os cabelos revoltos envolviam o rosto amarelo como cera, cujos olhos permaneciam arregalados de horror.

Com um grito de angústia, Hécuba caiu de joelhos, ao lado do morto.

"Polidoro, Polidoro!", gritou ela desesperada, e parecia como se as ondas tivessem captado o eco e o levado para longe. De todos os lados soava o nome.

"Polidoro, meu querido!"

Ela agarrava os próprios cabelos e rasgava suas vestes. Desesperada, ela apalpava o defunto. Eis que apareceu uma ferida aberta e mais uma! Seu filho, mais novo, o querido, fora apunhalado!

Muito antes que algumas das moças se lembrassem de ir à sua procura, seu pranto já se tinha extenuado. Ao avistarem o morto, elas correram dali em altos gritos, para comunicar às outras o terrível fato e para mandar aviso ao palácio.

Príamo veio pessoalmente com os carregadores, que foram incumbidos de levar o cadáver à casa paterna. Ele esperava encontrar Páris, o náufrago. Agora jazia diante dele o mais moço, pálido, assassinado! Quem era o assassino? Quem podia ter feito isso?

Polidoro partira há alguns meses para a Trácia, a fim de entabular um acordo com o rei Poliméstor. Príamo queria ampliar sua possessão no Helesponto. Ele queria ter melhor acesso também por terra. A área que estava em cogitação pertencia a Poliméstor, o qual poderia dispensá-la.

Príamo mandou ofertar-lhe ricos tesouros em troca. A permuta deveria ser convidativa. Nada se soube de Polidoro; esperava-se, contudo, sua volta já há alguns dias. E agora ele vinha, lançado na costa pelas ondas, como um pedaço de madeira sem valor!

O luto em toda a Troia era grande. Todos estimavam o belo jovem. As suposições sobre o modo como teria ocorrido a sua morte tocavam as raias da monstruosidade. Príamo recusou-se a deixar fazer o sepultamento do falecido antes de saber pormenores sobre a sua morte. Todavia, o sumo sacerdote Laocoonte insistiu junto a ele para que permitisse as exéquias. Mesmo porque, provavelmente, nunca se obteriam informações positivas.

Cassandra pranteava profundamente o irmão. Ela sabia agora que esse era o início da sorte terrível de Troia. Com a notícia sobre o lúgubre achado de Hécuba, caiu uma venda dos olhos de Cassandra. Ela sabia que o mais novo precederia e que os outros seguiriam atrás, sem demora. Ela horripilava-se ao pensar no regresso de Páris.

Poucas semanas após o sepultamento de Polidoro, atracou um navio mercante na costa de Troia, proveniente da Grécia. Vieram mercadores com raras mercadorias para fazer negócios na base da permuta. Eles trouxeram a notícia de que Helena, a esposa de Menelau, rei de Esparta, fora raptada. Não sabiam dizer quem era o arrojado raptor; contudo, não duvidavam em momento algum de que todos os príncipes gregos se aliariam para tirar desforra.

No mesmo navio chegou uma jovem. Com o rosto bem encoberto, ela entrou no palácio real e desejou falar com Hécuba. A esta, ela relatou que era filha de um nobre fenício, e que, após ter caído no cativeiro, viveu como escrava na corte de Poliméstor.

Quando Polidoro apareceu na corte, os dois se apaixonaram reciprocamente. Ele prometeu levá-la consigo na sua viagem de regresso, conduzi-la à sua terra natal e, caso seu pai ainda vivesse, pedi-la em casamento.

Poucos dias antes da planejada partida do filho do rei, foram interrompidas as negociações. Poliméstor era ganancioso e avarento. Não quis desistir nem do território, nem dos tesouros. Com o próprio punho apunhalou o hóspede, roubou-lhe os tesouros e à noite mandou jogá-lo ao mar. Ela teria fugido, para levar aos pais de Polidoro a horrível notícia.

Ficou muito admirada ao saber que o falecido fora sepultado em Troia, e com espanto soube que Hécuba encontrara pessoalmente seu filho querido.

— Tu ficarás conosco; nós queremos manter-te como uma filha, Phoenike, determinou Príamo, que quis ajudá-la em memória de seu filho.

Também Hécuba estava de acordo, e assim Phoenike permaneceu por ora na corte. Ao conhecê-la mais de perto percebia-se bem que ela descendia de família nobre. Contudo evitava todo o convívio com os outros e entregou-se inteiramente ao luto.

Em comum com Hécuba, ela fazia oferendas e mandava cantar lamentações fúnebres. Elas falavam entre si sobre Polidoro e cada vez mais veemente se inflamava nas duas o desejo de vingança. O desejo transformou-se em avidez, ardorosa e chamejante avidez, que não conhecia mais obstáculos.

Elas bem sabiam que não poderiam contar com o auxílio de Príamo. Resolveram executar sozinhas o plano imaginado por Hécuba. Phoenike deveria voltar à Trácia, secretamente e sem ser reconhecida.

Ela, que conhecia cada aposento e cada corredor do palácio de Poliméstor, deveria entrar furtivamente, à noite, e assassinar o rei. Nenhuma das duas mulheres recuava diante do assassínio. O ódio tornara-as cegas e insensíveis a qualquer manifestação boa. Só uma coisa elas sabiam: nem Príamo nem Cassandra deveriam tomar conhecimento do plano, antes que este fosse executado.

— Tu deves deixar Troia às escondidas, Phoenike, murmurava Hécuba. Assim que Poliméstor tiver pago sua culpa, tu regressarás.

— Não, mãe, replicou Phoenike entristecida, não voltarei nunca mais, eu o sinto. Façamos a despedida agora mesmo. Também tu não deverás saber quando eu partir, para que possas dizer na verdade que não sabes onde eu estou.

As duas mulheres enlutadas abraçaram-se afetuosamente. Nesse momento irrompeu nas duas a verdadeira feminilidade, porém o ódio apagou rapidamente cada emoção enternecedora.

Já na manhã seguinte, constatou-se a ausência de Phoenike. Procurava-se incansavelmente; ninguém a tinha visto. Também para Hécuba esse rápido desaparecimento fora inesperado. Ela estava sinceramente perplexa e por isso ninguém perguntou se estava a par dos planos de Phoenike.

Príamo estava muito preocupado sobre o que se teria passado com a hóspede. Pediu a Cassandra que tentasse obter alguma notícia sobre a desaparecida. Ela prometeu-o; todavia, passaram-se dias sem que a vidente visse qualquer coisa.

Novamente atracou um navio na costa de Troia. Era uma escura e grande embarcação a remo, como ninguém jamais tinha visto igual. Ninguém em Troia entendia a língua da tripulação; não se sabia o que essa gente queria ali. Mas pouco depois se esclareceu o enigma.

Quando a embarcação estava ancorada havia algum tempo, desceu dela o príncipe Páris. Com os olhos radiantes, ele olhava para a praia de sua terra natal. Quase não esperava mais revê-la.

Entre os troianos que estavam presentes na praia, irrompeu um grande júbilo; mensageiros correram ao palácio real. Rapidamente espalhou-se a notícia:

"Páris voltou são e salvo!"

Por que ele não se dirigia para a cidade, ao palácio? Ele hesitava, andava inquieto de um lado para o outro, olhava para a embarcação e por fim voltou para lá.

A multidão, que aumentava cada vez mais, ficou impaciente. Todos, todos queriam ver o regressante, que fora salvo ditosamente!

Enfim ele deixou novamente a embarcação, de cuja tripulação se despediu cordialmente; logo depois a nave dirigiu-se de novo ao mar. Desta vez, porém, Páris não veio sozinho. Estava acompanhado por três mulheres que tinham os rostos encobertos por véus; uma caminhava ao seu lado, enquanto as duas outras seguiam atrás. Assim chegaram ao palácio, cujos portais já estavam escancarados para receber aquele que retornava.

No amplo átrio estavam reunidos Príamo, Hécuba, Heitor, Andrômaca e Cassandra. Jubilantes, eles cumprimentavam o filho e irmão, que lhes fora dado de volta. Imponente e mais belo do que antes, ele estava parado diante deles, com as feições transfiguradas por uma radiante felicidade. Virou-se para a sua acompanhante, tirou-lhe o véu e disse:

— Vede minha noiva, minha esposa, que me acompanhou das ensolaradas paragens da Grécia até aqui, porque o amor nos une inseparavelmente.

Sua voz soou com orgulho e só a custo reprimiu um grito de júbilo.

Diante dos olhos perscrutadores dos troianos estava a mais bela figura feminina que eles jamais haviam visto. A beleza de Cassandra ficou ofuscada, à primeira vista, diante de tanto esplendor vitorioso. E contudo... Quem olhava minuciosamente percebia que a essa beleza faltava algo. Algo que envolvia Cassandra em graciosidade; que também conferia às feições de Andrômaca, ultimamente mais sérias, uma indizível atração.

O que era isso, enfim? Nesse primeiro encontro ninguém se deu conta disso. Todos cumprimentaram alegremente esse ídolo, que se apresentou a eles com um amável sorriso, para em seguida voltar aliviado ao lado de Páris.

— Helena é da mais nobre estirpe; a rainha Leda é sua mãe, disse Páris.

Até então ninguém tinha ouvido falar dessa rainha. Todos estranharam que Páris se referisse à mãe, em lugar do pai. Talvez este já tivesse falecido! Para refletir sobre isso, também não dava tempo agora. Providências tinham de ser tomadas para que os náufragos, que não salvaram nada além da vida, fossem alojados e providos com vestuário.

As mulheres andavam solicitamente de um lado para o outro, a fim de arrumar tudo da melhor maneira possível para Helena. Foram preparados banho e cama, e colocados à disposição vestidos, joias e flores. Páris procurou o seu aposento. Parecia como se ele quisesse evitar ficar a sós com o pai.

A hora da refeição reuniu todos novamente; também os cortesãos e as camareiras de Hécuba puderam participar. No lugar de honra, estavam sentados Páris e Helena, a qual foi apresentada a todos como futura filha. Durante a refeição Páris teve de contar da perigosa viagem, que teve um início tão alegre.

Teriam partido com radiante luz do sol e límpido céu azul. Um vento suave enfunava as velas e o navio balançava sobre as ondas. Repentinamente, porém, levantou-se uma tempestade gélida e adversa, que chicoteava as espumantes ondas, de modo que estas, empinando-se, impeliam a embarcação para diante. O navio não pôde mais manter a sua rota.

O temporal transformara-se num impetuoso e bramante furacão. Sobre os corcéis de Possêidon formavam-se brancas cristas; saltavam sobre o navio e arrastavam homens para a profundidade. Ninguém podia pensar em salvamento; cada um tinha de cuidar de si, para que não afundasse.

Horripilando-se, os presentes escutavam o seu relato e, de curiosidade, até pararam de comer. Perguntas saíam de seus lábios; perguntas sobre este e aquele, que tinham acompanhado Páris, mas que não voltaram. O filho do rei cortou, com poucas palavras, todas essas perguntas e continuou a narrar.

No meio da noite, o navio teria sido arrojado a uma ilha e partira-se com um estampido. Borbulhantes, as águas subiam entre os destroços. Todos já viam a morte certa diante de seus olhos. Nisso surgiu a lua cheia no meio das nuvens. Sua luz prateada estendia-se sobre a praia e os escombros, ajudando aqueles que ainda viviam a se abrigarem.

Nas últimas horas Páris teria envolvido Helena com a sua capa, segurando-a junto a si. Juntos quiseram passar pela morte ou juntos ir ao encontro de uma nova vida. Pôde carregá-la à margem segura. Depois ele caiu exausto ao lado da extenuada e dormiu. Alguns homens da tripulação estavam igualmente salvos, bem como duas acompanhantes de Helena. Todos os outros podiam ser lamentados como mortos.

Tudo isso soava de modo pavoroso, apesar de que Páris se esforçasse visivelmente em afastar das suas palavras tudo o que era opressivo. Ele falava fluentemente e, não obstante, todos percebiam a agonia que agora ainda abalava a sua alma.

Helena não disse nenhuma palavra durante toda a narrativa, se bem que Páris se expressasse em grego e não no dialeto troiano, por amor a ela. Quando finalizou, ela olhou sorridente para ele e disse:

— Por que expressar tudo isso por palavras, meu querido? Isso era horrível enquanto estava acontecendo. Agora tudo passou. Deixa o passado para trás. Um novo dia traz novas alegrias.

Essas foram as primeiras frases que se ouviram no palácio de Príamo, da bela hóspede, e elas tiveram um efeito singular sobre os ouvintes, diferente em cada um deles.

Andrômaca e Heitor trocaram um olhar de apreensão. Hécuba apoiou com entusiasmo exagerado a opinião de Helena. Ela procurava angariar a sua simpatia; a mulher mais idosa adulava a mais nova. Helena percebeu isso e achou essa atitude desprezível. Príamo não tinha entendido direito as palavras. Seu espírito ainda permanecia sob a impressão dos horrores que acabavam de ser relatados.

Cassandra, no entanto, levantou-se e deu um passo em direção à bela mulher. Esta assustou-se. O que estaria acontecendo com a jovem? Ela andava como uma vidente, com o semblante iluminado por uma luz interior. Involuntariamente, Helena se encostou em Páris, em busca de proteção.

Os olhos de Cassandra fecharam-se. Nisso ela começou a falar:

"Um novo dia traz novo horror! Ai de ti, Helena, que ousaste pisar no palácio. Ai de ti, filho de Príamo, que desencadearás o pior destino sobre Troia. Agora todos deverão partir daqui, todos que ainda se alegram com o sol. Os deuses mandarão desgraça. O próprio Zeus está irado por causa da filha! Abandonaste um rei, um outro privarás dos filhos. Helena, beleza sem coração, o que procuras aqui?"

Logo que Cassandra silenciou, Andrômaca se aproximou dela e conduziu-a cuidadosamente para fora da sala. Ela temia uma manifestação de ira por parte dos presentes. Ninguém protegeria a jovem contra as invectivas da mãe. O dom maravilhoso que os deuses lhe concederam tornou-se em maldição para Cassandra. Nunca Andrômaca sentiu isso da maneira como hoje. Ela colocou na cama a extenuada zelosamente e chamou Dínia para que ficasse vigiando seu sono. Nenhuma perturbação deveria atingir Cassandra, enquanto ela estivesse resguardada pelo amor fiel.

Em seguida Andrômaca voltou célere à sala, onde encontrou as pessoas ali reunidas exatamente assim como ela imaginara: Príamo estava sentado, aprofundado em cismas, as camareiras e os cortesãos haviam deixado a sala, Hécuba, porém, consolava a lacrimejante Helena, enquanto injuriava Cassandra com as palavras mais acerbas, tachando-a de louca que deveria ser encarcerada.

— Ela contrariou Apolo, que a desejou como serva do templo, explicava a mãe. Agora o deus está zangado e tirou-lhe o dom do vaticínio. Tudo quanto a sua boca fala jorra agora de profundos abismos!

Indignado, Heitor postou-se diante de Hécuba.

— Assim não, mãe! exclamou ele. Se ninguém interfere em favor da irmã, então eu, teu filho, devo pedir-te que te tornes comedida. Cassandra está tão alucinada quanto tu e eu. Infelizmente, todos os seus vaticínios se realizaram, e eu temo que também as palavras que acabamos de ouvir se tornem realidade.

Fala, Páris, quem é tua noiva, quem é o pai dela? Donde ela vem? Ela é digna de ser acolhida entre nós?

Páris levantou-se irritado.

— Como podes esquecer-te dos nobres costumes, a ponto de perguntar, na presença da mulher amada, sobre a sua procedência, irmão?

— Ela escutou as palavras de Cassandra e escutou as injúrias de Hécuba; é razoável que ela também ouça o que tu tens a relatar sobre ela. Mais uma vez te pergunto, irmão: quem é Helena? Quem é seu pai?

Antes que Páris pudesse responder, Helena exclamou impetuosamente:

— Dize-lhes pois, Páris, querido esposo; todos podem ouvi-lo: Zeus é meu pai!

— Zeus? Todos repetiram a palavra tão cheia de significação. Zeus?

— Sim, disse Páris ao tomar a palavra. Zeus é pai de Helena. Ela é a filha mais bela do mais elevado dos deuses. Estou orgulhoso de que ela tenha anuído em tornar-se minha esposa.

— Por que então Zeus não protegeu a filha? perguntou Andrômaca duvidando. Ele tinha motivo para irar-se com ela? Ele quis impedir a sua viagem?

Repentinamente rasgou-se um véu diante de sua vista interior, e, soltando um grito, ela pronunciou estas palavras:

— É ela a esposa de Menelau? Roubaste tu, Páris, ao rei de Esparta a esposa?

Páris levantou a cabeça diante dessa pergunta. Que eles soubessem agora aquilo que afinal de contas não poderia permanecer mais por muito tempo oculto.

— Falaste acertadamente, Andrômaca, disse ele com voz pausada. Menelau não era o esposo certo para esta filha dos deuses. Ela enamorou-se de mim, e eu a tomei para ficar comigo. Ela é minha, agora e para toda a eternidade!

Hécuba aproximou-se de Helena. Ela sentiu-se honrada por a filha de Zeus querer pertencer ao seu filho. Que esse comprometimento tivesse se originado de culpa e pecado, isso ela não considerou. Com amabilidade, ela procurou persuadir a bela a esquecer todas as ofensas que lhe foram dirigidas, Andrômaca chegaria a melhores conclusões.

Ao notar que pelo menos Hécuba estava a favor dela, Helena deu um suspiro de alívio. Ser humilhada, isso a soberba não suportava. Entretanto, ela era muito acessível a lisonjas. Captou a simpatia de Hécuba, chamou-a de mãe e pediu que ela lhe desse seu apoio.

— Conduze-me aos meus aposentos, mãe; minhas camareiras, que gostam de mim, irão ajudar-me a encontrar sossego.

Elas saíram da sala. Um profundo silêncio pesava sobre os que permaneciam no recinto. Heitor esperou que o pai falasse. Como Príamo continuasse calado, Heitor tomou a palavra. Nisso Andrômaca levantou-se para sair; e já queria deixar os homens a sós.

Heitor, porém, estendeu a mão e segurou a esposa.

— Não, não vás, minha esposa, disse ele amavelmente, mas num tom enérgico. Tu reconheceste hoje injustiça e mácula debaixo da aparência de beleza e amor, e procedeste assim como convém a uma mulher íntegra. Não te deixaste enganar como nós outros.

Páris, meu irmão, eu te pergunto: tencionas realmente conduzir a mulher de um outro como tua esposa, sob o teto do teu pai?

O semblante de Páris anuviou-se.

— Pai, queres consentir isso? Queres provocar a ruína de Troia, por causa de um filho transviado? perguntou Heitor impetuosamente.

Aborrecido, Príamo levantou os olhos por um instante.

— Teria sido muito melhor, se essa – e ele indicou para Andrômaca – tivesse calado. Que adianta sabermos de coisas que não podemos evitar que aconteçam? É assunto de Páris e de Helena. Deixai que eles invoquem o veredicto dos deuses. Eu não quero saber nada dessas coisas!

Ele levantou-se e deixou a sala com passos ressoantes. Defrontaram-se os dois irmãos, entre os quais nunca havia surgido uma desavença. Solicitando, Páris estendeu a mão direita. Heitor apertou-a calorosamente, mas a seriedade na sua fisionomia não desapareceu.

— Irmão, o que pretendes fazer é assunto teu. Reflete, porém, que a tua ação não decide somente a tua sorte. Se, no entanto, tomaste a tua decisão, então eu, como teu irmão, estarei ao teu lado. É preferível que tu me arrastes contigo na morte ou na desgraça a eu quebrar a minha lealdade de irmão. Pondera bem; que os deuses te ajudem!

As camareiras de Helena tinham sido indiscretas. Poucas horas depois, todos os moradores do palácio já sabiam quem Helena era. Como todos tinham condenado o atrevido raptor da rainha, quando os mercadores trouxeram a notícia! Agora era o próprio filho do rei! Isso alterava o conceito sobre justiça e injustiça em muitos. As opiniões divergiam; também entre a criadagem dominava descontentamento.

Para Cassandra não podia permanecer oculto aquilo que todos sabiam. Ela chorou amargamente. Via nitidamente, diante de seus olhos, a ruína de Troia e a morte de todos a quem ela estava afeiçoada.

Em sua aflição ela procurou Helena. Quem era tão bela também deveria ser boa. Uma alegre aclamação da rainha saudou-a, quando ela entrou nos aposentos de Helena, providos de farto luxo.

Helena estava enfastiada. Esquivava-se do convívio com os outros; porquanto em toda parte ela era alvo de olhares curiosos, reprovadores e perquiridores. Isso desagradava-lhe. Aqui não encontrava distração à maneira como ela estava habituada em Esparta.

Páris havia prometido cuidar disso; contudo, demoraria um pouco de tempo até que estivesse tudo preparado. Enquanto isso, era-lhe oportuno receber visitas. De mais a mais, Cassandra exercia uma singular força atrativa sobre ela.

— Tu vieste aqui, pequena, para conversar comigo? Devo contar-te alguma coisa sobre a minha bela pátria? Ou queres revelar-me a quem prometeste o teu coração? Fala, como se chama ele? Ele te conduzirá em breve a sua casa?

Essas perguntas condiziam tão pouco com o objetivo pelo qual Cassandra viera, que ela disse mais por impaciência do que por intenção:

— Deixa as brincadeiras, Helena, para isso o momento não é oportuno. Tenho um assunto sério a falar contigo. Os deuses mostraram-me que depende de ti a bênção ou a ruína de Troia. Desliga-te de Páris! Ou queres ser a causa de sua morte?

— Não, pequena, ele deve viver, viver para mim! Como poderia deixar dele, que está ligado a mim, inseparavelmente?

— Tu deves deixá-lo! exaltou-se Cassandra. Pensas que teu esposo não empregará todos os meios para atacar Troia com grande poderio militar? Quem és tu, para que deva ser derramado tanto sangue de heróis por tua causa?

— Como podes falar assim comigo? Se temes pelo teu pretendente, então esconde-o durante a luta. Não receio por Páris. Ele é um magnífico herói, a quem os deuses ajudarão!

Cassandra estava indignada. Contudo, ela queria fazer uma última tentativa:

— Toma como uma advertência o fato de que os deuses se opuseram contra tua travessia para cá. Os corcéis de Possêidon trituraram o vosso navio e arrastaram os vossos tesouros para as profundidades.

— E os deuses nos salvaram das águas! Não, pequena, teu argumento fala contra ti. Não te incomodes. Creio que estás bem-intencionada, mas o que tenho, isso eu segurarei.

Então Cassandra se dirigiu a Páris. O irmão recebeu-a amável e indulgentemente, assim como se trata uma criança doente. Ele sabia que Cassandra não ficava alucinada quando falava; ele estava convicto de que os próprios deuses lhe revelavam aquilo que ela anunciava.

Mas por que ocupar-se com isso agora? O que estava para suceder, sucederia. Ele queria gozar o presente e alegrar-se com Helena. No entanto, para que o agradável presente não ficasse turvado, ele preferiu considerar Cassandra como uma alucinada e zombar das suas advertências.

— Quando estiveres mais madura, ó caçula, disse ele sorridente, então compreenderás que por amor à sua irmãzinha ninguém desiste daquilo que o coração possui. Não penses tanto sobre o futuro, não cismes e poupa todos nós daquilo que teu espírito doentio imagina ver. Tu ainda te transformarás naquela que semeia descontentamento no palácio de Príamo. Isso naturalmente não quererás!

Cassandra retirou-se, completamente desanimada. Não ousava mais falar com ninguém sobre aquilo que oprimia o seu coração. Ela emagreceu e ficou pálida; em seu semblante translúcido ardiam os grandes olhos.

O povo olhava assustado para ela. Essa seria uma moça de dezessete anos? Era uma mulher madura e experiente através do sofrimento, uma vidente, uma sibila! Da cidade de Troia, eles vinham agora procurá-la com problemas de ordem diversa. Cassandra ajudava onde podia ajudar, sempre com a mesma disposição amável. Contudo, ela não se sentia satisfeita com isso.

Agora elas vieram de novo, as noites de lua cheia, que sempre lhe traziam aparições e quadros. Começaram, pois, novamente os tormentos! O que ela deveria fazer? Deveria guardar para si aquilo que via? Os outros riam dela e difamavam-na apesar de tudo.

"Tu deves dizer o que contemplas! Essa é tua missão! Deixa os outros fazerem disso o que quiserem, na sua incompreensão. Isso não é mais contigo!"

O seu íntimo manifestava-se e ela sabia que a voz interior, cuja origem ela desconhecia, tinha razão.

Também Andrômaca aguardava preocupada essas noites. Conhecia, também, a sua significação para a jovem vidente, de quem ela gostaria muito de afastar todo o desgosto e toda a ingratidão. Ela falou com Heitor.

— Se Creusa fosse diferente, então poderíamos mandar Cassandra por alguns meses até ela, suspirava ele. Arisbe está por demais distante, e não me lembro de uma outra guarida para a nossa irmã.

— Poderíamos solicitar a Cassandra que viesse para cá, propôs Andrômaca. Isso não daria na vista, e eu poderia isolá-la, nesses dias e nessas noites, dos outros!

Heitor encarou-a com seriedade.

— Andrômaca, acreditas que a voz de Cassandra é a boca dos deuses? Acreditas que ela anuncia a verdade?

— Sim, meu esposo, creio firmemente nisso! soou a resposta algo admirada de Andrômaca.

— Então não compreendo como podes propor que devemos ajudar a suprimir os vaticínios. O que Cassandra diz destina-se a todos nós, deve ajudar a todos nós e ser uma advertência para toda a Troia! Isso deve ser anunciado em voz alta, não importa se as tolas criaturas humanas o compreendam ou não.

No dia seguinte veio através das ilhas a notícia de que a Grécia estava fazendo preparativos para buscar Helena de volta e castigar o atrevido raptor. Todos os príncipes queriam se colocar sob um único comando supremo. Eles estavam preparando os navios e provendo os guerreiros com o necessário.

Os dias se sucediam, trazendo novas notícias, que no fundo eram sempre as mesmas, só que o número de guerreiros aumentava continuamente, aos quais se associavam sempre novos nomes de heróis aos já enunciados.

Helena ria e alegrava-se.

— Vê, Páris, meu querido, como eu sou importante para eles! Todos, todos se põem a caminho. Aquiles nunca gostou de mim. Uma vez me chamou de vaidosa e sem coração. Creio que a vaidade dele ficou ferida, por eu lhe ter dado muito pouca atenção!

Novamente ela soltou aquele riso irritante e desagradável que Páris não gostava de ouvir. Depois ela prosseguiu:

— Tu deves prometer-me: se houver batalhas, então deverás lutar com Aquiles, para que me vingues dele. Não devo tolerar que tal escárnio permaneça impune!

Ela pegou lisonjeiramente uma das suas mãos e acariciou-a.

— Esta mão deve trazer-me como presa a cabeça de Aquiles; eu irei recompensá-la por isso!

Páris horripilou-se de pavor.

— Helena, tu és uma mulher? Não carregas um coração sensível em teu peito? Por causa de um julgamento precipitado deve ser desonrado um dos mais nobres heróis da Grécia? Não te bastará se eu o matar? Só se decepa a cabeça de um adversário infame!

Novamente ressoou a desagradável risada.

— Tu ficas engraçado, meu amigo, quando queres educar com tanta seriedade! Alegra-te comigo e aceita-me assim como sou! Pois eu sou diferente das mulheres que conheceste até agora!

— Sim, tu és diferente, Helena, escapou da boca de Páris, e num tom que a deixou atenta. Porém, ele logo se dominou de novo. Prosseguiu amavelmente:

— Devo aprender primeiramente a entender os teus gracejos. Nós, troianos, somos mais sérios do que vós, gregos risonhos. Tem paciência comigo, Helena.

"Não era gracejo, quis ela replicar", mas ele tinha deixado o aposento.

A sua fisionomia expressava aborrecimento. Não seria melhor se ela regressasse para a corte de Menelau, onde ela não era uma tolerada e sim a venerada rainha? Lá tudo era belo, alegre e fácil.

Aqui os homens eram taciturnos como a sua monótona praia de recifes. Com efeito, não valia a pena carregar sobre si a maldição dos deuses, para receber tão pouco! Também Páris aqui lhe parecia diferente do que em Esparta, onde ele a cortejava ardentemente. Hécuba, ela a desprezava com sinceridade. Que mãe era essa? Helena arrepiou-se. Essa mulher descomedida era rainha! Isso era incompreensível. Não era de admirar que Príamo se tornasse lacônico e desanimado, ao seu lado.

Helena tinha receio de Cassandra. Os olhos grandes da jovem pareciam ler nas almas, e Helena sabia que na sua alma muita coisa temia a Luz. O único por quem valia a pena permanecer em Troia era

Heitor. Sim, esse era um herói que se poderia colocar com dignidade ao lado do mais orgulhoso herói da Grécia. Era lamentável que ele tivesse essa quieta e lacrimosa esposa. Seria ele feliz com ela? Isso Helena tinha de sondar. Valia a pena pesquisar.

Talvez ela, Helena, pudesse tornar-se a consoladora desse herói. Talvez ela pudesse oferecer-lhe o amor de que ele certamente sentia falta. Nesse caso haveria uma finalidade, uma magnífica finalidade, de ela permanecer em Troia! Sim, ela queria ficar!

E enquanto esses pensamentos animavam a alma leviana de Helena, Páris caminhava pensativo ao longo da praia. As poucas semanas que decorreram desde a sua vinda bastaram para abrir-lhe os olhos sobre o verdadeiro valor de Helena.

Ao compará-la com Cassandra ou Andrômaca, ele repetidamente perguntava a si mesmo como fora possível que uma beleza oca lhe pudesse fascinar os sentidos. E por causa de uma tal mulher, Troia deveria ser arrastada para uma guerra, que seria uma questão de ser ou não ser? Isso não poderia ser evitado? Se levasse Helena de volta e aceitasse voluntariamente toda penitência que Menelau lhe impusesse, não poderia então tudo ser reparado ainda?

Ele preferiria ser morto pela mão do irritado rei a enfrentar uma vida ao lado de Helena. Mas Helena amava-o, assim ele pensava logo em seguida. Ele não deveria causar-lhe essa mágoa, desprezando-a, uma vez que ela o acompanhara espontaneamente. Isso seria um procedimento indigno para um filho de rei, para um herói!

E a trama do horrível destino continuava. Todos os que se enredavam nos fios que teciam o destino de Troia estavam cegos. Todos, exceto Cassandra, e ela era impotente!

Desesperadamente, ela suplicava o auxílio dos deuses. Então pareceu-lhe como se ouvisse os sons vibrantes que há muito não mais percebia e como se respirasse o hálito das flores vermelhas de seu jardim. Sua alma abriu-se amplamente; estava tomada de júbilo aquela que poucos momentos antes estava receosa.

"Mãe, tu te lembras de tua criança?"

Sim, a mãe viu a aflição em que Cassandra se encontrava. Véus rosados envolviam-na serena e suavemente, sobre a cabeça inclinada afluíam bênçãos.

"Persevera, Maria, o fim dos acontecimentos começou! Ainda um lapso de tempo, e então poderás voltar a tua Pátria."

As palavras caíram no coração ferido como um bálsamo.

"Não desanimes, Maria! Se sobre a Terra todos se afastarem de ti, não esqueças: tua Pátria encontra-se nas alturas. Receberás força para que não hesites nem vaciles mais. Força da Luz de cima te alcança a qualquer hora! Se tudo se tornar pesado demais para ti, então estende a mão e segura-te na mão Daquele a quem pertences."

P OR fim Páris procurou o pai; quis falar com ele bem a sós. Diante do horrorizado ancião, ele desabafou-se franca e sinceramente. Confessou tudo. Repentinamente, durante a noite tornara-se claro para ele que não lhe competia decidir, mas sim que ele deveria deixar o rei dos troianos tomar uma resolução. Isso, porém, era o mais difícil que o filho podia exigir do pai. Após ter escutado tudo, Príamo não sabia o que responder.

A guerra parecia-lhe inevitável, mesmo que Helena voltasse ao seu esposo e Páris fosse morto pela mão de Menelau. Ele julgava covardia oferecer agora ainda uma reconciliação. E contudo deveria Troia ser arrastada à ruína por causa de Páris?

— Vamos consultar Cassandra! propôs ele, contente por ter-se livrado da decisão.

Todavia, Páris não quis concordar com isso.

— Ela logo de início me pediu que eu conduzisse Helena de volta. Eu me recusei a dar atenção à sua advertência. O que ela poderia me dizer agora de novo?

— Pois então vamos consultar os sacerdotes. Laocoonte deverá consultar o oráculo, aconselhou Príamo.

Também isso Páris não quis fazer de bom grado. Não queria manifestar perante os outros os seus sentimentos. O pai, porém, esclareceu-lhe que não se precisava dizer a Laocoonte o que Páris sentia com a pergunta. A pergunta poderia ser formulada de tal modo que Laocoonte não pudesse pressentir o que no fundo se pretendia.

Diante disso Páris cedeu. O sumo sacerdote foi chamado. O envelhecido ancião compareceu; sua fisionomia denotava seriedade. Príamo encarregou-o de ainda no mesmo dia fazer oferenda e auscultar no dia seguinte a resposta à seguinte pergunta:

"O que agrada mais aos deuses: se um herói volta do caminho já tomado, para evitar derramamento de sangue, ou se ele segue esse caminho sem considerar o seu fim?"

A resposta que Laocoonte trouxe na manhã seguinte, dizia:

"Somente um covarde abandona o seu caminho."

Isso pareceu claro ao pai e ao filho. Depois foi chamado Heitor e com ele decidiram iniciar imediatamente os preparativos para a guerra. Foram construídos e consertados navios; couraças, escudos e armas foram reparados, e forjados novos. Em toda parte havia animada movimentação e em toda parte podia-se ler alegria nos rostos dos homens e moços.

Ir à luta após todo esse longo período de paz parecia a todos algo incomparavelmente magnífico.

Queriam obter glória e colher louros! Eles imaginavam-se vencedores, entrando em Troia coroados e aclamados jubilosamente. Como as mulheres e as moças os cumprimentariam e lhes demonstrariam gratidão por palavras e atos!

Enquanto isso, porém, as faces das mulheres de Troia estavam banhadas de lágrimas e avermelhadas de tanto chorar. Parecia-lhes horrível ter que dar os maridos, filhos ou irmãos. Sobretudo Hécuba portava-se como uma fúria.

— Vós não deveis ir para a guerra! gritava ela. Prometei-me que ficareis em casa e que deixareis os outros lutarem.

Ninguém lhe respondeu. Os filhos olhavam com seriedade para a mãe alucinada, que nunca se distanciara tanto deles como nesse momento.

Cassandra não lamentava mais, tranquilamente ela seguia o seu caminho, auxiliando onde se fazia necessário uma ajuda e consolando onde ainda se aceitava consolo. Sobreveio-lhe uma alegre segurança, que fez o pai e os irmãos ficarem admirados.

Andrômaca sentiu isso como um grande alívio. Ela deveria dedicar-se agora inteiramente ao marido, sem perder um minuto do tempo em que ele ainda lhe pertencia.

Finalmente chegara a hora. Após os preparativos de alguns meses, pôde a primeira esquadra deixar a costa de Troia. Dos filhos do rei, somente Deífobo estava num dos navios. Heitor e Páris deviam primeiro permanecer junto com o pai, para, em caso de necessidade, ir em auxílio daqueles que haviam seguido à frente. Príamo, por sua vez, queria fortificar Troia, caso, contra todas as expectativas, a batalha naval decorresse desfavoravelmente. Foram feitas oferendas sobre oferendas, e as mulheres suplicavam aos deuses por um bondoso auxílio.

Os navios partiram. Levantou-se uma tempestade. Os que ficaram pensavam, preocupados, nos que estavam em apuros. Contudo, a tempestade amainou logo.

Cassandra estava parada numa ameia da torre de vigia; seu vestido esvoaçava e os belos cabelos tinham-se espalhado. Estes flutuavam ao vento como uma bandeira desfraldada. Assim ela olhava durante horas para o mar e para a distância. Seus olhos terrenos não viam outra coisa a não ser infindáveis ondas que se impeliam, ora encimadas por espuma, ora desmanchando-se na superfície.

Entretanto, em espírito ela contemplava imponentes navios, maiores e mais reforçados do que os que haviam partido de Troia. E esses navios mantinham uma rota segura. O vento não lhes podia fazer mal algum. Sobre eles viajavam heróis, figuras alegres e luminosas, com cabelos ondulados e com suntuosos armamentos. Suas armas e seus escudos eram valiosos.

Do outro lado balanceavam os navios dos troianos. Também estes a vista espiritual de Cassandra via nitidamente. Como eram pequenos e pouco vistosos, em confronto com os navios dos gregos! Cassandra estava começando a ficar receosa de novo, mas nisso ela lembrou-se do consolo da mãe, a Rainha primordial. Ela queria haurir forças, forças da Luz do alto. E estendeu as mãos ao céu, onde surgiam, pouco a pouco, estrelas sobre estrelas, e suplicou:

"Mãe, dá a tua criança a força de que ela necessita. E tu, Elevado, a quem eu pertenço, fortalece-me. Eu te imploro!"

Com passos firmes e cabeça erguida ela voltou depois disso ao palácio, onde foi assediada com perguntas sobre o que teria visto. Ela respondeu com evasivas. Os navios estariam por demais distantes; a mais arguta vista humana não poderia divisar nada. Com isso os outros se deram por satisfeitos.

Vieram as primeiras notícias sobre vitórias! Tinha sido incendiado um navio dos gregos, e todos os que viajavam nele foram eliminados. O júbilo de Troia não conhecia limites. Ninguém se lembrou dos mortos. Todos exultavam e glorificavam os heróis troianos.

Cassandra, que havia contemplado e observado o sucedido, do alto de sua torre de vigia, e anunciado antecipadamente, quase foi elevada ao céu. Agora, de repente, todos acreditavam novamente nela;

agora ela não era mais a alucinada, a desprezada! Essa recém-despertada confiança doía a Cassandra quase mais do que o desprezo de antes.

Penalizou-se com o fato de o pai, que nos últimos meses quase não lhe dera mais atenção, agora se tornar novamente bondoso e amável para com ela. Também Hécuba prestou-se a pronunciar algumas palavras de reconhecimento, se bem que estas estivessem entremeadas de zombaria.

Então Cassandra viu algo de grave. Também navios troianos afundavam e também troianos morriam. Ao vaticinar semelhantes coisas, ela quase foi apedrejada. Contudo, chegou o dia em que ela teve de anunciar ao pai:

— Manda reforço para os nossos, senão toda a armada será aniquilada, e nós jamais veremos novamente os navios e a tripulação!

Príamo ficou assustado.

— Ocorre isso de fato? perguntou ele estremecido.

Depois deu ordem para que a segunda frota, preparada nesse ínterim, partisse com Heitor. Andrômaca estava desesperada.

— Por que não deixam Páris seguir? Ele é o culpado de tudo!

Heitor, por sua vez, por mais que sentisse despedir-se da esposa e do filho, regozijou-se contudo em poder abandonar a espera inativa. Confiante na vitória, partiu com o seu grupo ao encontro do inimigo.

Os anos sucediam-se. De tempo em tempo, chegavam notícias sobre uma ou outra batalha naval. Algumas vezes os gregos, raras vezes os troianos, saíam vitoriosos. Frequentemente as ondas impeliam à praia destroços de navios e cadáveres, uma horrível lembrança das lutas lá no alto-mar.

Cassandra advertiu repetidamente para que se fizesse parcimônia com as provisões e para que se tomassem precauções para a vindoura época de carência. Todos ficavam ressentidos com a admoestadora, como se ela fosse incômoda e os perturbasse. A ausência dos homens já não era suficientemente penosa? Devia-se além disso ainda passar privações e jejuar?

A época pesava aflitivamente sobre Troia. Como que envoltos em nebulosidade, todos andavam a esmo, à espera do dia que traria de volta os guerreiros. Também esse dia veio! Poucos navios regressaram.

Cassandra, que estava de atalaia na torre, contava e recontava. Ela não pôde acreditar. Mais de cem embarcações haviam deixado o porto nos últimos anos; vinte e três atracavam agora na costa. E delas desembarcavam homens enfadados da guerra, extenuados e doentes. Onde tinham ficado os alegres heróis? A maior parte jazia no fundo do mar. E esses que aí regressavam eram caricaturas daqueles que tinham partido.

Abalado, Príamo recebeu o encanecido Heitor. Deífobo não voltou mais. Já na primeira batalha ele fora atingido por uma flecha e caíra ao mar. Heitor tinha coisas graves a relatar: seguiam-no os navios de Ulisses*, rei de Ítaca, que se aliara a Menelau.

As batalhas navais haviam chegado ao fim; os troianos tiveram de fugir! Puseram-se a salvo na costa, mas somente para enfrentar aqui o inimigo que os perseguia.

Ai! Será que a guerra ainda não teria um fim?

Mais rápido do que se pensava, apareceram os navios dos gregos. Acostaram na praia, ocuparam as enseadas e os recifes. Aproximaram-se perigosamente da cidade. Os troianos tiveram de sair repentinamente para fazê-los recuar, a fim de que não incendiassem o palácio e a cidade.

Apesar de vencedores e vencidos desejarem o fim, essa guerra prolongou-se novamente por alguns anos. De súbito, todos davam novamente ouvidos aos conselhos de Cassandra. Finalmente eles compreendiam para que fim deveriam acumular provisões. Agora a filha do rei não deveria ser somente consoladora e a mais fiel conselheira do pai, não, agora todos queriam ser aconselhados por ela.

Entre os guerreiros completamente exaustos irromperam epidemias. Surgiu a recordação de que anos atrás Cassandra instalara uma enfermaria e tratara dos enfermos juntamente com Dínia. Ela foi solicitada a fazer isso também agora, e prontamente

---

* Odisseu

assumiu essa tarefa. Até algumas salas do palácio foram providas de camas para abrigar os feridos.

Eram carregados indistintamente para ali e muitos não compreendiam por que Cassandra não quis acolher doentes nessas salas. Somente feridos e moribundos ela deixou recolher nas salas; os outros tinham de ser levados para prédios situados a uma grande distância dali. Manifestaram-se algumas vozes para instigar perfidamente contra Cassandra:

"Naturalmente este ou aquele não é suficientemente distinto para o palácio."

Quando, porém, Páris foi acometido da mesma epidemia e também recolhido distante do palácio, então tornou-se compreensível para eles que as providências de Cassandra estavam norteadas por uma sábia prevenção.

Dínia estava fielmente ao seu lado, apesar de que ela, já idosa, não pudesse mais trabalhar tanto como antes. Também Andrômaca superou a sua aflição e andava entre as camas, qual um anjo consolador, de um lado para o outro.

Cassandra também quis arrancar Hécuba de sua cisma estéril, mas todas as tentativas foram em vão. A rainha não quis pensar nos outros, enquanto ela tivesse que lamentar a sua própria sorte.

Então se ofereceu a Cassandra um auxílio inesperado numa moça troiana, de ascendência nobre, a qual ficara completamente só em virtude da guerra, e agora podia dedicar todo o seu tempo e cada um dos seus pensamentos aos enfermos. A moça, que se aproximou de Cassandra como uma suplicante, chamava-se Alexandra.

— Aceita-me, princesa; permite que te auxilie, para que a minha vida adquira novamente finalidade e sentido!

Amavelmente, Cassandra deu-lhe as boas-vindas no serviço. Bastaram poucos dias para que se demonstrasse a grande habilidade da moça. Alexandra tinha mãos delicadas que podiam proporcionar lenitivos; além de tudo, porém, ela não desprezava nenhum trabalho. Quis ser colocada lá onde a epidemia grassava com mais inclemência. Cassandra pôde confiar nela incondicionalmente.

Isso era necessário, porquanto novamente se aproximava a fase da lua cheia e a vidência tornava-se mais forte.

UMA noite os filhos estavam sentados junto com Príamo e Hécuba. Também Andrômaca tinha-se livrado da assistência aos doentes para comprazer-se com a presença do marido, a qual ultimamente se tornara rara.

Nisso entrou Cassandra na sala, que estava iluminada apenas pelo brilho da lua cheia. Em seu caminhar inseguro, eles reconheceram que a vidente queria falar. Entristecida, ela estava diante deles. Seu semblante, dirigido para cima, expressava profunda dor.

"Ai daquele", começou ela devagar, "cujos pensamentos intencionam vingança! Colherá maus frutos. Por um filho, tu tomaste dois, Hécuba. Dois jovens heróis tu mandaste prematuramente ao Jardim de Perséfone. E os olhos que admiraram cobiçosos os tesouros, tu os extinguiste para sempre! Ai de ti Hécuba!"

Os presentes entreolhavam-se; eles não compreendiam o sentido das palavras. Unicamente Hécuba ficou ciente de que o seu plano de vingança dera certo, e o seu espírito, envolto pelas trevas, alegrava-se com isso. Tomara que a moça não continuasse a falar, tomara que não pronunciasse nenhum nome. Todavia, Cassandra já começava de novo:

"Ai dela, que se tornou um instrumento de Hécuba! Ai de ti, Phoenike, graciosa jovem, agora estás banhada em sangue. Nunca encontrarás no Além o teu amado. Teus passos deverão dirigir-se para outro lugar. De nada adianta que tenhas cravado a arma no próprio peito. Tu não te unirás a Polidoro."

"Phoenike!", murmuravam os outros, abalados.

Apesar de eles terem falado baixinho, Cassandra deve tê-los ouvido, pois respondeu:

"Sim, Phoenike não vive mais. Ela mesma provocou sua morte, depois de ter assassinado os dois filhos de Poliméstor. Ai dela! Ai daquela que premeditou o plano do assassínio! Ai de Hécuba! Doravante tu não encontrarás mais sossego sobre a Terra!"

Nesse momento Helena entrou impetuosamente no recinto.

— Onde está Páris? perguntou ela estridentemente, antes que os outros pudessem impedi-la.

Cassandra caiu ao chão com um grito de dor. Sua cabeça roçou numa coluna de mármore, e o sangue escorria sobre seu vestido branco. Andrômaca acorreu depressa para socorrê-la. Páris pôs-se na frente de Helena.

— O que queres de mim? perguntou ele, mais severo do que era sua intenção.

Ele receava pela irmã e repreendeu Helena.

— O que quero? Pergunta esquisita! Procuro meu marido, o qual, ao invés de dedicar suas horas vagas a mim, passa-as de preferência na companhia de homens idosos e videntes alucinadas!

Com mão firme, Páris pegou o braço despido da bela mulher e empurrou-a porta afora, seguindo seus passos. Os que ficaram, estavam tomados por um espanto atordoante. Portanto, esse era o verdadeiro estado de alma de Helena? E por causa dessa mulher a terrível guerra vinha perdurando há longos anos! Que destino horrível!

Andrômaca, que havia deitado Cassandra sobre uma cama, dirigiu-se ao pai.

— Não fiqueis zangado com Helena. Ela sofre imensamente sob as consequências de sua culpa. E não encontra nenhuma solução ante as acusações de sua alma. Isso a torna injusta e amargurada.

Heitor olhava afetuosamente para a sua esposa. Ela sempre encontrava uma palavra de intercessão, uma harmonização!

Nisso Cassandra abriu os olhos, ergueu-se um pouco de sua posição deitada e disse:

"Troia, acautela-te contra a astúcia dos gregos. Eles são malvados e ardilosos. Orgulham-se de sua perfídia. Não será a espada que nos abaterá, não será bravura que nos vencerá, mas sim a astúcia grega preparará a cilada na qual sucumbiremos!"

Depois disso Cassandra caiu no sono que geralmente sobrevinha após os vaticínios. Andrômaca lavou delicadamente o sangue da têmpora. A ferida não era grande, mas profunda, e causou preocupação à fiel. Ela mandou chamar Dínia, a qual tinha juntado várias ervas para cuja aplicação possuía boa experiência. As duas em comum fizeram curativos na ferida, e o sono era tão profundo, que Cassandra continuava dormindo tranquilamente.

Páris voltou. Seu semblante estava sombrio e transido de dor.

— Perdoai-me tudo o que a minha imprudência trouxe para vós, meus queridos! Se eu tivesse obedecido ao teu conselho, irmã, então agora tudo estaria diferente. Por amor a uma indigna, provoquei esta desastrosa guerra! Ai de mim!

— Ai de nós todos! disse Príamo. Ficamos obcecados. Confiamos na resposta dos deuses; ela foi ambígua como sempre.

— Os deuses não são culpados, pai, contestou Heitor. Nossa pergunta não foi feita com clareza. Sozinhos, deveríamos ter sabido que, para quem está emaranhado numa culpa, só existe um caminho para desviar toda a desgraça: voltar para trás! E mesmo se Páris tivesse que ter pagado a sua culpa com a morte, isso teria sido melhor para ele, para todos nós!

— Mil vezes melhor para mim, que tenho agora de suportar o remorso, sem que a posse de Helena me torne feliz, lamentava Páris. Não pode ser pior em Tártaro do que a minha situação agora.

Hécuba levantou-se como que absorta, e titubeante saiu da sala. A saída dela fez surgirem recordações em Heitor.

— O que disse Cassandra sobre Phoenike? perguntou ele. Era como se as suas palavras fossem a explicação para o desaparecimento de nossa hóspede.

— Temo que Hécuba tenha se sobrecarregado com uma pesada culpa, suspirou Príamo. Seu luto por Polidoro transformou-se em vingança. Não falemos agora sobre isso; temos outras coisas a ponderar.

Apesar dessa resolução, o ancião, no entanto, prosseguiu após poucos instantes:

— Seria grave se tivéssemos provocado também a inimizade da Trácia. Mas provavelmente Poliméstor não suspeita nada da cumplicidade de Hécuba no infame crime.

Os filhos silenciaram.

As LUTAS continuavam. Troia não pôde fazer mais do que rechaçar o inimigo dos seus portais. Também isso já custava inúmeras vítimas. Sempre de novo Cassandra tinha de anunciar coisas aflitivas, que todas as vezes se realizavam logo em seguida. Davam-lhe novamente crédito, porém ela estava sendo odiada, como se fosse a culpada de todos os acontecimentos horríveis que a sua boca vaticinava.

Frequentemente ela subia à torre de observação, para de lá obter uma melhor visão geral. O velho vigia venerava-a e era fielmente dedicado a ela. Ela contemplava os heróis gregos, com a vista espiritual. Ao falar depois sobre eles com os seus, estes criticavam-na por seu coração estar com os gregos.

Inicialmente ela se defendia:

— Por que me injuriais? Eu apenas quero revelar-vos como estão conservadas as forças daqueles heróis e com que confiança na vitória eles seguem para a luta. Se vós não conseguirdes avivar-vos com o mesmo ânimo alegre, então estareis perdidos!

Mais tarde ela silenciou ante todas as acusações. Parecia como se não sentisse mais nenhuma ofensa. Sua alma pairava em regiões mais luminosas. Seu corpo executava mecanicamente os trabalhos exigidos dele.

Então chegou o dia em que o toque de corneta do vigia da torre anunciou a retirada do inimigo. Cassandra, preocupada com o fato de que o seu amigo pudesse ter enlouquecido devido às suas preocupações, subiu apressadamente ao alto da torre. Todavia, por mais distante que sua vista perscrutasse o horizonte, ela não mais pôde avistar os gregos ou seus navios.

Muitas mercadorias, trapos e destroços, deixados atrás, cobriam a praia. Isso dava a impressão de que a retirada havia sido efetuada na maior pressa. Por qual razão isso teria acontecido? Mal Cassandra tinha feito a pergunta a si mesma, e já vinha a resposta ao seu espírito. Era astúcia, perspicaz e fina astúcia!

Horrorizada, ela correu apressadamente ao palácio, onde encontrou os seus no mesmo embalo de alegria que já se propagara pela cidade toda.

— Não vos deixeis enganar! conclamava ela em voz alta. Os gregos não partiram. Eu ainda deverei enxergar os seus navios em algum lugar do mar. Eles se mantêm ocultos, para tornar-vos seguros!

Quanto menos Cassandra era ouvida, tanto mais veementes e desesperadas ressoavam as suas admoestações, pois todos queriam crer que tinha ocorrido um milagre. Por tempo demasiadamente longo eles haviam suportado a atribulação. Agora queriam alegrar-se!

Atravessando a cidade, que delirava de alegria, Cassandra correu ao templo de Apolo. Laocoonte veio ao seu encontro nos degraus. Ao aperceber-se do desespero no semblante da filha do rei, ele a conduziu amavelmente ao seu aposento e fê-la acalmar-se.

Depois Cassandra narrou aquilo que ela já tinha vaticinado, que a astúcia dos gregos subjugaria Troia, e temia que esse momento tivesse chegado agora.

— Eles não acreditam em mim, Laocoonte! Ela torcia as mãos, desesperadamente. A ti, sumo sacerdote, eles darão ouvidos. Adverte o rei, adverte o povo insensato. Toma tu o meu lugar, visto que não tenho mais nenhum poder!

Comovido, o ancião escutava as palavras da jovem. Ele sabia que ela falava a verdade. Ele mesmo havia pressentido algo semelhante. De boa vontade, prometeu intervir com todo o poder de sua dignidade para que Troia se acautelasse. Então fez com que Cassandra voltasse pelo caminho mais curto ao palácio.

Ali ela encontrou uma confusão maior ainda. Ninguém mais obedecia às ordens, cada um fazia, embriagado de alegria, o que bem entendia. Quando

Cassandra se apresentou, foi cercada por guerreiros. Mãos imundas dirigiram-se a ela, a imaculada.

— Para trás, exclamou ela apavorada, o que quereis de mim? Eu não sou o inimigo!

O tom de voz dela alertou Astor, que estava dormindo num lugarzinho ensolarado, após a vigília noturna. Rápido como um relâmpago, colocou-se ao lado da moça, mostrando seus dentes.

— Astor, ó criatura boa! jubilou Cassandra, com alívio.

Mais uma vez aproximou-se um guerreiro. Antes de poder tocar em Cassandra, Astor levantou-se sobre suas patas traseiras, pegando o agressor. Nesse momento a faca desse embrutecido enfiou-se na garganta do animal. Agonizando, caiu o cão fiel.

Lágrimas saltaram dos olhos de Cassandra. Ela não mais se opôs, quando mãos brutas a pegaram, empurrando-a.

— Isto acontece por ordem de Hécuba, justificou-se um dos sujeitos. Não deves estragar a nossa alegria com teus gritos de mau augúrio!

Ela foi encarcerada, ela, a filha do rei, numa masmorra onde em geral criminosos aguardavam o seu julgamento. Mas com a morte do cão, parecia ter se colocado uma venda sobre os olhos dela. Estava como que paralisada. Não se importava com o que lhe acontecia, e outras coisas ela não mais enxergava. Mas em compensação o seu espírito foi levado para cima. Ela podia ver o seu jardim, e aspirar as fragrâncias dele. Apenas o corpo terreno de Cassandra ainda continuava na prisão humilhante.

Enquanto isso, Laocoonte pôs-se a caminho da praia com os seus dois filhos, ambos sacerdotes do templo de Apolo, e aproximou-se do lugar onde a multidão mais se aglomerava.

Uma figura estranha estava colocada ali; era parecida com um cavalo de tamanho sobrenatural, feito de madeira e ferro, de forma tosca.

Seria isso um ídolo que os gregos tinham adorado e que lhes propiciara a vitória, mas que eles tinham deixado para trás em sua retirada apressada?

Laocoonte subiu num dos recifes e dali falou ao povo, o qual, no entanto, quase não lhe deu atenção. Muito mais interessante que as suas advertências, era o singular ídolo em forma de animal. Ninguém ousou aproximar-se dele; todos estavam impedidos pelo temor. Contudo, ele se tornou alvo dos pensamentos de todos.

Quando Laocoonte bradava que isso era uma cilada que os gregos tinham armado para eles, então irromperam, como réplica, estrepitosas gargalhadas. Em face disso, ele exaltou-se:

— Amigos, acreditai em mim, eu estive durante muito tempo na Grécia; conheço os magníficos ídolos que eles adoram. Uma monstruosidade como esta só pode estar destinada para fins malévolos.

Em vão! A multidão berrava e bradava:

— Ele quer zombar dos deuses!

Sem ser notado, Príamo, com seus filhos, tinha-se juntado ao círculo externo da multidão. Tampouco eles sabiam o que deveriam fazer com esse "presente amistoso dos gregos". Heitor ergueu a voz:

— Amigos troianos, dai ouvidos a Laocoonte! Vamos primeiramente examinar o que significa essa figura!

Nisso, Laocoonte, que percebera auxílio em Heitor, ousou fazer uma tentativa extrema. Saltou do recife e correu em direção ao cavalo de madeira. Tomou a lança comprida do guerreiro mais próximo e arremessou-a habilmente contra o bojo do animal. Um tinido esquisito ecoou como resposta, como se viesse do interior do monstro, no qual a lança estava fincada tremulante.

A multidão emudeceu; pasmados eles olhavam para Laocoonte e depois novamente para o cavalo. Antes que eles pudessem concentrar os seus pensamentos, ocorreu um incidente terrível. Debaixo do cavalo, entre as quatro pernas retas, semelhantes a colunas, estava colocada uma cesta comprida, coberta com trapos. Ninguém lhe atribuía importância. Entretanto, dessa cesta levantaram-se cabeças de serpentes, silvando. Enormes e compridos corpos, de aspecto horrível, desprenderam-se e rastejaram com temível celeridade na direção de onde tinha vindo a lança. Apenas alguns viram isso e o horror paralisou-lhes a língua.

Laocoonte ainda estava parado no lugar do qual arremessara a lança. Ouvira nitidamente o tinido. O que poderia significar isso? E enquanto ele ainda ponderava, os répteis alcançaram-no e começaram a envolvê-lo. Ele soltou um grito de dor. Os filhos acudiram para socorrê-lo. Com punhais e punhos, eles procuravam desprender os corpos dos ofídios, que cingiam os membros do seu pai. Em vão! Agora também eles eram atingidos e arrastados no pavoroso envolvimento. Ossos crepitavam.

Somente então tornou-se evidente a todos que terrível tragédia se desenrolava diante de seus olhos. Heitor acorreu apressadamente para socorrer; alguns troianos seguiram-no. Conseguiram retalhar as cobras. Estas caiam convulsivamente das suas vítimas. No entanto, Laocoonte e seus dois filhos não viviam mais.

— Vede o ardil dos gregos! exclamou Heitor. Quem se aproximasse do cavalo por curiosidade, deveria se tornar vítima das serpentes. Quem sabe quantas cobras ainda estão ocultas!

— Não! bradavam outros em resposta. Não! Laocoonte atacou o ídolo; os deuses vingaram-se. Assim sucederá com cada um que não creia no ídolo. Deixai-nos tecer coroas e adornar a imagem a fim de que nos reconciliemos com os deuses.

O holocausto involuntário de Laocoonte tinha sido inútil. Os troianos não se deixaram mais deter. No delírio de seu entusiasmo, eles se tornaram vítimas da astúcia. Com esforços inauditos, levaram o cavalo para dentro da cidade e, concomitante com isso, muitos dos seus inimigos, que puderam, durante a noite, abrir os portais para as tropas gregas, que se haviam mantido ocultas, no meio dos penhascos.

Troia, a orgulhosa cidade, caiu em poder dos inimigos e com ela tombaram em combate todos os seus heróis. Cassandra foi conduzida dali, como prisioneira.

Seu corpo terreno foi morto, porém seu espírito já se encontrava antes em sua Pátria luminosa. Uma vida terrena cheia de abnegação, amor atuante e pureza divina teve com isso um término. Mais uma vez pesava uma nova e incalculável culpa sobre a humanidade, perante a Luz.

O que fora proporcionado aos seres humanos por intermédio de Cassandra: amor e pureza de Deus, eles não compreenderam e transformaram em maldição para si.

Somente gerações vindouras haverão de reconhecer, admiradas e em adoração, o amor que se inclinou para a humanidade. De corações purificados se elevarão agradecimentos ao trono de Deus!

Complementando a primeira narrativa, segue trecho que aborda outros aspectos da longa guerra entre gregos e troianos, com a perda dramática dos mais valentes heróis, culminando com o trágico destino de Troia preconizado por Cassandra.

Iniciou-se, assim, o trágico destino de Troia. Seguiam-se batalhas após batalhas; lutas com fogo, espada e com terríveis projéteis. Os troianos lutavam como leões enfurecidos, plenos de nobre coragem. Todavia, os gregos eram adversários de elevado cavalheirismo. Parecia tratar-se de uma competição magnânima em que mediam suas forças, de uma guerra animada por inteligência e perspicácia. Isso nos primeiros anos. Correu muito sangue; muitas mães choraram por seus filhos; muitas esposas, pelos maridos. Muitas naus foram a pique, e a gravidade dos acontecimentos ia penetrando nas almas dos seres humanos durante esse período.

Aos poucos a cólera e o ódio aumentavam. As fúrias passavam pelo país, atiçando ira. As trevas, desencadeadas pelas deusas da vingança, serviam e bramiam sobre a Terra. Cassandra sentiu-se invadida pelo terror. Por diversas vezes os troianos conseguiram rechaçar as embarcações inimigas; contudo, as agressões iam-se tornando cada vez mais numerosas e violentas.

Muitos guerreiros, gravemente feridos, eram transportados para Troia. Cassandra tratava-os auxiliada por sábios médicos e mulheres competentes. Sua palavra possuía o dom de curar assim como suas mãos. Todos se sentiam fortalecidos quando ela passava, e seu campo de ação aumentava cada vez mais. Sua influência espiritual abrangia círculos sempre maiores. Os melhores e os mais puros desejavam auxiliar e servi-la, felizes por poderem estar em sua companhia. Sua irradiação era de paz. As palavras deprimentes de Hécuba não mais a atingiam. Seguia seu próprio caminho, determinado por leis superiores.

S OBRE as águas bramia o fragor da batalha. Altos brados, gritos, sons de cornetas e o assobio agudo dos projéteis. Machados batiam com estrondo sobre as pranchas. A evaporação do mar esquentado misturava-se com a fumaça negra das vigas fumegantes, carbonizadas. Velas rasgadas, embebidas em óleo quente, ardendo em chamas, flutuavam nas águas. Luzes tenebrosas iluminavam aspectos terríveis. A fumaça densa e negra das naus em chamas movimentava-se até muito longe, dificultando por completo a visão dos ansiosos que presenciavam a luta.

Grande preocupação reinava em Troia. O que estaria acontecendo lá no mar?

Sabiam que os gregos haviam recebido grandes reforços. A batalha já durava dias e mensagem alguma alcançara a terra. O povo estava inquieto.

A esperança de que o inimigo se afastaria ia aos poucos se desvanecendo e a presença da frota inimiga era por demais oprimente. Via-se com espanto o inimigo aumentando constantemente, apesar das baixas sofridas. O rico Agamêmnon, que se encarregara da liderança da guerra, enviava sempre novos reforços.

Às ocultas, Cassandra torcia as mãos em desespero. Não lhe era permitido interferir com o seu saber. O Espírito da Luz não o queria. Calada e triste ela andava de um lado para outro, inquieta e preocupada com a sorte dos seus, da cidade e do povo. Quem velaria por eles? Quem iria preveni-los? Todos estavam cegos e surdos, cheios de paixões e egoísmo. O medo despertava os maus instintos nos homens. Haviam-se afastado das puras ligações auxiliadoras e as trevas concentravam-se sobre Troia e a Grécia, produzindo constantemente fantasmas horrendos.

A figura da deusa Palas Atena apareceu sobre os países. Estava irada e cobria seu rosto resplandecente com o escudo que possuía a cabeça horrenda da medusa coberta de serpentes. Impiedosamente a medusa arreganhava os dentes para os homens. Crueldade e volúpia aumentavam de maneira tal, que atualmente não podem ser imaginadas. Eram especialmente as mulheres que degeneravam. Os acontecimentos desregrados da guerra, a separação dos esposos, criavam situações desastrosas nas cidades helênicas. As mulheres decaíam sempre mais. O culto aos deuses ia-se transformando em adoração de ídolos; e os semideuses, em patronos das orgias. A Grécia havia-se transformado em um horror.

O amor do Pai eterno envolvera a visão espiritual de Cassandra com um véu, a fim de que não perecesse de dor pela destruição do gênero humano. Emudecera subitamente e não intervinha mais nos atos dos homens. Como eles perderam rapidamente o que ela lhes havia proporcionado! Esqueceram-se de seus ensinamentos e perderam o respeito e o amor que até então lhe haviam dedicado. Sempre estivera só, porém, agora, era também desprezada. Em noites dolorosas, deitada na escuridão e sentindo imensa saudade da Luz de sua Pátria, esta prece brotou-lhe do coração:

"Ó Eterno! Único! Que cometi? Por que me castigas? Tira o cálice amargo de mim; contudo, que se faça Tua vontade e não a minha."

Um estrondo fez estremecer a casa; um clarão iluminou o quarto e em seu núcleo a Cruz resplandecia. Uma voz falou:

"Ouve, Maria! Sou eu quem te chama! Espera! O reino é teu, e o amor está contigo. És portadora do amor. Eu e o Pai somos 'Um só' e tu és parte minha. Aceita a tua situação e segue-me!"

Um rosto a olhava da Luz. Tinha pureza de anjo, beleza de um deus, severidade e bondade de um soberano. Os olhos eram iluminados pela Luz da vida.

Agora Cassandra sabia por que lhe fora tirado o dom da vidência: era por amor, para completar seu desenvolvimento.

Uma pedrinha luminosa e branca estava em suas mãos. O Espírito de Deus a teria trazido? Envolveu-a em linho branco, para dali em diante levá-la junto ao coração.

Cassandra estava preparada para a parte mais difícil de sua vida terrena.

PARA Troia vieram anos terríveis no Juízo de Deus. A derrota marítima fora grave. Mais da metade das naus queimaram, e assim fora ao fundo a maior parte dos melhores guerreiros. Aqueles que haviam conseguido salvar-se estavam feridos e não resistiram às queimaduras sofridas. Felizmente Heitor conseguiu alcançar terra firme, com um grupo de excelentes guerreiros e muitas embarcações. Voltaram aborrecidos, cansados de combates, de rostos sombrios, sujos de fuligem e sangue. Houve então muito trabalho no castelo, e vida agitada.

Os inimigos não davam tréguas. Continuavam combatendo e forçaram o desembarque e a entrega da frota. O alarido dos combates era interminável. As naus gregas rodeavam em semicírculo gigantesco a costa de Troia.

Após curto intervalo os espartanos eviaram seus homens à luta. Infantaria e cavalaria ocupavam seus postos na praia e armaram tendas. A tenda do rei era vermelha, sobressaindo-se das demais, e estava bem vigiada.

Estarrecidos, os troianos viram de suas muralhas a quantidade imensa de inimigos. Não haviam imaginado o ataque de Agamêmnon tão poderoso. Todavia, defendiam palmo a palmo sua terra natal com coragem e tenacidade. Rios de sangue foram vertidos.

Páris lutava como um leão. Onde aparecia, os gregos aglomeravam-se. Queriam agarrá-lo, pois era ele o motivo principal de sua ira, assim como Heitor, que não perdia o irmão de vista. Seu inimigo mais feroz era Ulisses.

Em pouco tempo o acampamento dos gregos aumentava consideravelmente, formando um semicírculo na praia de Troia, aproximando-se cada vez mais da cidade.

Troia esforçava-se ao máximo para poder enfrentar o ataque daquela superioridade de forças. Era necessário defender com prudência as vias de comunicação com o interior do país.

Assim decorriam meses e anos, e muitos foram para o país das sombras. As fogueiras ardiam dia e noite. Uma nova geração desenvolvia-se. Por ela podia-se verificar o número de anos intermináveis que passaram, sempre iguais no vaivém do destino caprichoso da guerra que a todos subjugava. Uma doença irrompera entre os gregos, e dizia-se que sua causa fora o envenenamento das águas dos poços. Os primeiros sinais da epidemia foram abutres que sobrevoavam os campos de batalha, soltando gritos estridentes.

Os portais da cidade estavam bem fechados e suas sólidas muralhas e torres resistiam fortemente. Os corredores estavam repletos de armas. Nos subterrâneos as riquezas do país eram armazenadas em fardos. Um enorme depósito de vinho consolava os homens, afastando o medo de morrer de sede.

Príamo guiava o exército e o povo com prudência e energia, e todos lhe dedicavam amor e respeito. Todos olhavam com fé e gratidão para o soberano envelhecido. Hécuba havia-se transformado consideravelmente. Uma culpa secreta roía sua alma. Inquietação profunda e um medo terrível das fúrias atormentavam-na. Era sujeita a ataques de cólera e fortes excitações que assustavam a todos. Não restava muito daquela mulher outrora tão serena e prudente. Cassandra não sofria mais sob sua influência. Tratava-se para ela de uma enferma, de uma morta, até.

Finalmente os sitiados foram obrigados a se retirar definitivamente para o interior das muralhas. Não havia mais comunicação com o resto do país e grande parte dele estava deserto e despovoado, pois tudo o que ainda lá vivera refugiara-se apavorado na cidade.

Os gregos iludiam-se na esperança de que os troianos tivessem alimentos apenas por pouco tempo. Entretanto, não contavam com a sábia previsão e divisão de Príamo. Atacavam a cidade de todas as maneiras e instigavam os heróis para uma surtida. Todavia, os troianos eram tão espertos quanto corajosos e não se deixavam ludibriar facilmente. Também eles causavam grandes danos aos gregos.

Agora as muralhas eram assaltadas com afinco. Estremeciam, assim como toda a cidade, sob os golpes terríveis dos aríetes que se assemelhavam a enormes torres. Gigantescas fundas atiravam blocos de pedra e máquinas arremessavam vinte e até mais lanças, de uma só vez, às muralhas guarnecidas.

Muitos projéteis, ao se espatifarem, causavam danos tremendos, porém não afetavam a forte defesa de Troia. Os gregos não haviam imaginado tantas dificuldades; além disso, sabiam que Helena estava entre as muralhas de Troia. Não queriam, portanto, destruir completamente a cidade. Menelau, esposo de Helena, sempre os detinha. À noite, mal-humorados, reuniam-se em conselho na tenda de Agamêmnon.

Fazia tempo que haviam desviado as águas e destruído os poços; entretanto, nem homens nem animais pareciam sofrer de sede em Troia. Teriam eles uma fonte secreta?

Os alimentos tornavam-se escassos, todavia eram divididos com prudência e economia. Príamo mantinha ordem rigorosa. Quem não se submetesse, era eliminado. Entre o povo surgiram instigadores secretos, porém o próprio povo fazia-os calar rapidamente.

Na miséria, as pessoas de boa índole distribuíam mais amor do que nos bons tempos. Cassandra trabalhava muito para os doentes e dirigia os tratamentos.

Não aparecia mais em público, pois este se afastava dela, o que muito a magoava. Os sacerdotes haviam espalhado o boato de que ela havia enlouquecido. Como a maioria acreditava nos sacerdotes, evitavam-na com receio.

Preocupado, Príamo observava a filha, que lhe significava tão forte apoio, e parecia-lhe que ela portava uma luminosa coroa na cabeça. Ela era um presente que ele recebera das alturas luminosas. Não compreendia por que os seres humanos a atormentavam. A seu ver nunca dissera ou cometera nenhuma insensatez. Estaria velho demais para entender certas coisas? Nunca permanecia junto aos outros, sempre trabalhava calada. Entretanto, uma Luz cada vez mais intensa envolvia Cassandra.

F INALMENTE chegou o grande dia para os gregos. Trabalharam sem descanso. Ninguém sabia o que estavam fazendo. De noite fez-se silêncio absoluto em redor de Troia. Nenhum ataque. Os cães não ladravam, os cavalos não relinchavam. Havia silêncio tenebroso; contudo, fazia bem. As semanas tinham sido difíceis para Troia. Porém agora havia chegado a fome. Devido à falta de água, foram abatidos todos os animais e também o pão tornara-se escasso, pois dois grandes depósitos haviam sido devorados pelas chamas.

Velhos e crianças arrastavam-se pelas ruas, tendo o aspecto de fantasmas. Os homens e rapazes tinham de ser priorizados e recebiam maior quantidade de alimento, todavia também eles estavam magros e cansados. A imundície e doenças aumentavam cada vez mais. Os médicos não venciam o serviço, e as fogueiras que eliminavam os cadáveres ardiam dia e noite. As asas negras da morte estendiam-se sobre Troia.

Os jovens guerreiros estavam impacientes; queriam arriscar uma surtida, porém Príamo os proibira terminantemente. Jamais o viram tão encolerizado.

Que esperava Príamo? Queria condená-los, obrigando-os a morrer de fome e a esperar pelo fim, sem reagir? Irados, discutiam a esse respeito.

E aconteceu o que ninguém esperava. Ao raiar do dia a corneta do guardião da torre soou jubilosamente. Que seria aquilo? Todos ficaram impressionados. Seria alarme ou sinal de regozijo? Novamente soou a corneta, emitindo sons jubilosos cada vez mais acentuados que se espalhavam sobre a cidade. Haveria um ataque? Não viria resposta inimiga a esse som de desafio? Todos precipitaram-se às torres, escalaram telhados e muralhas. Cassandra foi uma das primeiras.

O mar estava calmo e solitário; liso como espelho; livre de qualquer embarcação. Onde estariam as naus gregas? E o acampamento? Ainda se podia ver parte das armas espalhadas: os aríetes, as pedras, as máquinas projetoras; porém, pareciam imprestáveis. O que seria aquilo na praia? Um animal gigantesco?

Parecia um quadrúpede rígido; alto e desajeitado. A imagem de um cavalo grego. Cassandra sentiu-se inquieta e assustada ao avistá-lo; entretanto, os outros estavam cheios de júbilo. Os portões da cidade abriram-se, e o povo saiu ao encontro do sol. Liberdade após um peso de dez anos de guerra. Um presente dos deuses!

Rejubilando, fora de si de tanta felicidade, os homens pulavam como crianças e abraçavam-se. Apenas alguns mais sensatos, entre eles Heitor e Príamo, sacudiam a cabeça. No entanto, o povo regozijava-se de alegria. Foram até a praia e passaram pelo acampamento abandonado, onde encontraram pão e vinho em quantidade. Contentes e gratos, apenas viviam o momento.

Subitamente uma voz fez-se ouvir na multidão.

— Vamos levar o cavalo para dentro da fortaleza.

Escalaram-no por meio de escadas, pois era muito alto, e o enfeitaram com guirlandas de flores como um animal que vai para o sacrifício.

Então uma voz aguda, ameaçadora, gritou da torre:

— Ai de vós! Ai de ti, Troia! Não vos deixeis tentar; eu vos previno. Reduzi-o a cinzas.

Fez-se silêncio. Em seguida ergueu-se um murmúrio, um vozerio de palavras amargas, e risadas estridentes de escárnio. Depois, tudo emudeceu novamente.

O animal foi colocado sobre rolos, a fim de que pudesse ser movimentado com maior facilidade.

Soou novo grito de advertência:

— Ai de ti, Troia! Eu vos previno! Queimai-o!

Príamo, por fim, ordenou que deixassem o animal onde estava; por conseguinte, o povo retirou-se para o interior da cidade, mas praguejando e amaldiçoando Cassandra.

O povo de Troia movimentava-se o dia todo pelas ruas, gritando em alegre exaltação. Não se podia imaginar contraste mais brusco entre o dia anterior e o atual. Enfeitados de flores, sacudindo panos coloridos, os homens, em delírio, pulavam e dançavam ao som de flautins.

Defronte do templo, na grande praça, armaram uma fogueira dentro da qual lançavam frutas e flores, conservando o fogo até a noite. Coros em ação de graças eram recitados nos templos, e os sacerdotes, trajados de branco, passavam pelo povo rezando e espalhando incenso aromático. Em frente às casas havia vasilhames cujo conteúdo ardia em coloridas chamas. Lançavam tochas em chamas que pareciam pássaros. Flores eram lançadas pelas janelas. A alegria era geral.

Veio a noite. Os últimos raios vermelhos de sol ainda tingiam o ocidente e o mar no horizonte. As estrelas começavam a cintilar, e sobre Troia brilhava o esplendor de fogos festivos. O povo saiu pelo grande portão, desobedecendo às ordens de Príamo e às palavras de Cassandra.

Viam-se os colossos gregos, as catapultas ameaçadoras e sombrias, como advertência sinistra de dias passados de terror, reluzindo de maneira assustadora no clarão dos fogos de luzes cambiantes. Os caminhos sulcados e pisados davam provas dos anos de guerra decorridos. O chão estava inutilizado e o sangue dos que haviam tombado penetrava na terra. Sombras agitavam-se em redor: as dos mortos em combate, presos à Terra, em confusão agitada, discutindo se deviam ou não acompanhar os troianos.

Um bando de soldados, cidadãos e camponeses saíram cambaleando pelo portão da cidade. Em longas fileiras, as almas dos falecidos uniam-se a eles, dançando alegremente em sua volta. Entretanto, havia alguns que advertiam e ameaçavam, procurando deter a multidão. Assim o povo aproximou-se da praia, onde o cavalo, todo enfeitado, esperava. Gritaram de alegria e iniciaram uma dança selvagem em torno do cavalo. Em seguida a multidão regressou à cidade lentamente, puxando o gigantesco animal.

Gritos de advertência soaram pelos corredores do castelo, elevando-se por cima dos telhados, pátios e muros. De vestes esvoaçantes, Cassandra caminhava nervosamente de um lado para outro. Inquieta pelo fogo abrasador do saber íntimo, banhada em lágrimas, os grandes olhos resplandecendo, as mãos erguidas, suplicantes, Cassandra vagava pelos salões, bosques, jardins e ruas sem se aperceber dos homens que, em parte, dela se afastavam e por outro lado, riam e escarneciam dela.

O fiel vigia da torre a seguia de longe e o enorme cão de guarda ia a seu lado. Com voz que fazia as muralhas estremecer, ela repetia sempre:

— Ai de ti, Troia!

As pedras estremeciam, porém os homens não lhe davam importância. No portão ela afastou a multidão embasbacada e lá se postou de braços abertos, com seus longos trajes brancos, querendo evitar que prosseguissem. Assim esperou, ardente de convicção, solitária, enfrentando o povo inteiro. A multidão aproximava-se cada vez mais. Percebendo Cassandra, hesitaram. Pararam para discutir. Subitamente, um chicote estalou. Ouviu-se o brado de uma voz. Cavalos aproximavam-se rapidamente e a corja humana desencadeada avançava na direção de Cassandra. Alguém gritou:

— Abaixo a louca que nos quer privar da alegria!

O grande cão rosnou e pulou na sua garganta. A multidão continuava avançando. Um braço forte, armado, arrancou Cassandra para trás. Repentinamente viu-se cercada de soldados comandados por um capitão.

— Segue-me em nome de Hécuba, Cassandra.

Conduziram-na como a uma criminosa para o castelo. Hécuba não apareceu. Parecia que ninguém sabia da existência de Cassandra. Os soldados a levaram para o interior do pátio como se fosse uma estranha. Abriram a porta de um cubículo rente ao chão e aí trancaram-na. Cassandra não sentira desespero. Estarrecera. Ouvia uma voz angelical que repetia sempre:

"Segue a Cruz, pois, eu estou no Pai e tu és parte minha!"

Uma força indescritível, serena, sobrenatural, sustentava-a.

M UITAS horas haviam passado. As ruas estavam silenciosas e os fogos extinguiram-se. Todos gozavam o sono reparador no sentimento de liberdade que há tanto tempo lhes faltava. Todos estavam exaustos após tantas excitações. Contudo, o fiel guardião da torre não dormia; velava em frente ao cárcere de Cassandra. Uma tocha semiapagada ardia no portão, enviando uma claridade pálida por entre as grades da pequena janela. Entretanto, o recinto parecia iluminado por uma luz branca e tranquila.

Silêncio de morte pairava sobre a cidade. Ouvia-se apenas o estertor de um grande cão que procurava movimentar-se com grande dificuldade e o grito agudo e plangente de uma coruja proveniente do mar. No portão do castelo o enorme animal caiu; estava morto. O sangue escorria de uma profunda ferida no pescoço.

De repente fez-se ouvir o tinir de armas. Na cidade? A essa hora?

FOGO apareceu no telhado de uma cocheira. Pássaros e morcegos esvoaçavam assustados. Um braseiro reluziu no paiol. Passos surdos rondavam o lado exterior das muralhas. Trancas de madeira rangiam; vigas quebravam. Ouvia-se o tropel de cavalos e o tinir de armas.

Em Troia tudo dormia quando, de repente, o portão do castelo foi aberto com estrondo e os gregos precipitaram-se para o interior do pátio com tochas nas mãos. O único aviso fora um breve som da corneta do guardião da torre, sufocado em seguida. O assalto teve êxito completo.

— Cassandra tinha razão; foram as últimas palavras do fiel vigia.

Aquiles, passando pelo guarda, lançou-se ao encontro dos troianos, que saíam das casas, armando-se às pressas. Em poucos instantes a cidade, antes adormecida, transformara-se em um mar de chamas e gritos de desespero.

O incêndio era terrível; as cornetas clamavam, os homens bradavam. Os poucos animais domésticos que haviam sido poupados para as crianças atravessavam o fogo em disparada. Cavalos abandonados corriam pelos pátios.

No meio da praça estava o cavalo de madeira. Seu tronco oco, que servira de esconderijo aos astutos gregos, exibia uma abertura negra.

O encontro dos príncipes foi bárbaro. Sangue e fogo fumegavam na terrível carnificina. Vigas tombavam e os aríetes destruíam partes da muralha. Os gregos recebiam novos reforços. Na praça, ao redor do cavalo, lutava-se com selvageria, corpo a corpo. Os espartanos, chefiados por Menelau, apoderaram-se do templo por acreditar que Helena lá estivesse.

Troia defendia-se desesperadamente. Príamo dava ordens da plataforma de sua torre; entretanto, era difícil manter a disciplina com o povo completamente desorientado. Páris e Heitor ocupavam os pontos mais importantes, porém seus homens eram obrigados a combater contra uma superioridade de forças dez vezes maior. Heitor aparecia em um e outro ponto. Com sua habilidade e coragem destacava-se brilhantemente de seus companheiros.

Um grito tenebroso, estridente e angustiado cortou os ares. Seria o grito de algum animal ferido? Ou o de uma mulher louca? Os rumores selvagens da luta cessaram por uns instantes.

Aquiles passou pela multidão dos combatentes com seu carro de guerra, esmagando com seus cavalos os que não se afastassem. Saltou do carro em frente de Heitor, a quem matou em furiosa luta. Os cavalos iriam passar por cima do corpo dele, mas Aquiles mandou que o amarrassem atrás de seu carro e atravessou o portal em louca disparada.

O sangue fumegava no chão; os feridos jaziam aos montes, gemendo. Eram pisados e esmagados pelos carros. Louco de cólera, em corrida furiosa, Aquiles circundou a cidade. As cruéis deusas da vingança esvoaçavam ao seu redor. Páris assistira ao acontecido e jurou não descansar enquanto não vingasse o irmão.

O número dos troianos diminuía cada vez mais e a superioridade do inimigo era evidente. Também Ulisses tomou parte na luta, levando consigo Filoctetes, que chegara há pouco. Seu aparecimento e o reforço de seus bons arqueiros estimularam o entusiasmo pela luta, que já havia esmorecido um pouco. Os gregos já estavam matando mulheres e crianças. Sua crueldade aumentava à medida que o sangue era derramado. O fogo alastrava-se cada vez mais e os muros ruíam, enterrando tudo.

Em um pequeno aposento estavam as damas do castelo, acocoradas. Uma apoiava-se na outra. Estavam aterrorizadas, porém temiam mais a Hécuba, que parecia haver enlouquecido. A única consoladora, o amor auxiliador, Cassandra, não estava presente. Andrômaca, sentada em um canto, lastimava-se e chorava, segurando seu filho nos braços.

As mulheres haviam assistido da plataforma à morte de Heitor, e Hécuba gritava como animal ferido. Tremendo, movimentando constantemente os dedos, com olhar inquieto e horrorizada, permaneceu agachada. No aposento sentia-se o cheiro dos defuntos. Pela algazarra reinante nos corredores percebia-se que o castelo já estava nas mãos do inimigo. Era impossível pensar em fuga.

Príamo apareceu no limiar da porta. Preparou as mulheres para o pior: morte ou cativeiro. O aposento parecia lúgubre e frio.

Um grito, um chamado, ecoou pela casa:

— Príamo!

Era a voz de Cassandra. Foi então que ficaram cientes da razão de ninguém ter sabido de seu paradeiro; todavia, não se sentiam envergonhados.

A prisão de Cassandra se abrira e ela havia passado por entre os combatentes de corpo ereto, sem que ninguém a tocasse. Como por milagre os muros que ruíram não a feriram, mas libertaram-na.

Aproximando-se de Hécuba, disse:

— Heitor está morto. Irei com Príamo pedir seu corpo. Páris também morrerá. Troia será exterminada; todos vós caireis nas mãos do inimigo. Eis tua obra, Hécuba. Lembras-te agora de minhas advertências?

Príamo, curvado pela dor, contemplava a filha e, estendendo-lhe a mão, disse-lhe:

— Vamos.

A luta continuava. Um dia e uma noite haviam passado e a carnificina ainda não havia cessado nas ruínas de Troia. Sem haver razão, a matança continuava.

Após algumas horas, Príamo e Cassandra voltaram com o corpo mutilado de Heitor. Armaram lenha para a fogueira, todavia não conseguiram atear fogo, devido à luta que se iniciara novamente. Andrômaca, sentada ao lado do corpo inânime do esposo, chorava.

Aconteceu que Páris matara Aquiles. Um grito de cólera do inimigo o havia anunciado. Os companheiros ergueram Páris sobre um escudo. Nesse instante o arco que pertencera a Hércules enviou uma flecha vingadora de Ulisses. Com a flecha a lhe tremer no pescoço, os companheiros levaram Páris sobre seu escudo à presença de Príamo. Príamo chorava e arrancava seus cabelos brancos. Enfrentando o inimigo, apresentou-se de peito descoberto ao grande número de adversários.

Atrás de Príamo estava Cassandra, que pela primeira vez avistava Ulisses. Esse também a vira e jurou apossar-se da moça viva. Lembrava-se bem de uma visão que tivera em alto-mar.

A MANHÃ cinzenta de um terceiro dia aproximava-se. Os escombros de Troia fumegavam assim como as fogueiras. Haviam guardado a cinza dos mortos em grandes vasos de pedra que colocaram nas sepulturas. Príamo também fora sepultado.

Troia estava sombria e sombrias estavam as almas das mulheres aprisionadas. Os gregos estavam deixando Troia. Menelau levou Helena em triunfo na sua nau e muitos o seguiram. Ulisses e Agamêmnon tinham designado as embarcações que levariam os prisioneiros. Cassandra iria para Micenas. Esta notícia lhe pesava mais que a própria morte, entretanto orou em silêncio:

"Senhor! Que seja feita a Tua vontade e não a minha."

Troia, a cidade morta, jazia fumegante e coberta de cinzas. Os abutres pousavam nos cadáveres que não tinham sido enterrados. A praia estava devastada e encharcada de sangue. Pequenas poças de sangue vertiam seu líquido no mar. As ondas irrequietas, de cor negro-esverdeada, ameaçavam tempestade. Os eternos escondiam suas faces encolerizados. As embarcações deixavam as praias de Troia, e Cassandra enviou um último olhar para o lar paterno em escombros. O vento soprava tristemente nas velas brancas.

T ROIA fora destruída, e os últimos membros de sua importante estirpe de heróis estavam em mar à mercê das ondas. Príamo, o nobre pai de cinquenta filhos, entre os quais se destacavam Heitor, Páris e Polidoro, astros entre os filhos de heróis troianos, já não mais existia. Um "ai" eterno à orgulhosa Troia, à Troia sucumbida que fora criada com todo o esplendor na graça dos deuses. Agora estava morta, apagada em escombros e sangue, e o vento levava para o mar os lamentos dos abandonados que morriam nas cinzas de Troia.

A tempestade enfurecida fustigava as águas, e o grande número de embarcações repletas de ricos tesouros era dispersado.

A pérola mais preciosa, brilhando na Luz da pureza, era Cassandra. Estava sob a guarda de Agamêmnon. Sua visão reavivara-se e penetrava nas profundezas do passado e abrangia as extensões do futuro. Para o próprio destino, porém, a vidência lhe fora negada.

Os dias de viagem e as noites horríveis em que seus companheiros viviam atormentados, pensando sucumbir, pareciam-lhe minutos, segundos apenas. Uma carinhosa mão apagara-lhe o terror e escrevera fé e confiança no livro de sua vida espiritual. Ela havia retornado a uma Luz que jamais perderia e que lhe iluminava as trevas.

Contudo, via o destino trágico dos seres humanos, a decadência dos povos e das gerações e a grande miséria dos heróis.

— Agamêmnon, ouve: previno-te! Os assassinos te esperam. Covardes assassinos em tua própria casa. Acautela-te! Uma mulher vive em tua casa. Linda e perigosa, semelhante à víbora venenosa. Um homem, joguete em suas mãos, malévolo e covarde, cheio de vícios, é seu companheiro. Oh! que os ventos nos arrebatassem em alto-mar para que jamais chegássemos a ver o fim de soberbos heróis!

Assim falou Cassandra, e era uma triste informação para Agamêmnon. Enquanto os outros prisioneiros sofriam arduamente nos porões da nau, Cassandra tinha permissão de demorar-se frequentemente no convés ao lado de Agamêmnon. Ele apreciava o seu modo altivo, calmo e moderado. Ela, a vencida, a escrava, emanava pureza e paz ao vencedor temido pelo inimigo. Não havia ódio entre ambos, nem amor, entretanto máxima consideração, pois ambos eram de valor.

Ao pensar no futuro, Cassandra sentia grande dor. Sabia que uma mulher diabólica a esperava. Via horrorizada os muros de Micenas e seus habitantes; via que os deuses tinham-se afastado daquele antro de pecados. Parecia um ninho de cobras onde cada uma ostentava uma coroa com pedrarias, todavia cada pedra era veneno mortal.

As muralhas e os salões eram escuros, repletos de mágoa dos abandonados e da volúpia dos dissipadores. As paredes pareciam pretas de vermes asquerosos. De todos os cantos estalavam chibatadas. Percebiam-se os gritos dos escravos, as pragas dos oprimidos, o veneno, os punhais traiçoeiros, o pecado sibilante. Para lá se dirigia Cassandra.

Às vezes sentia o coração magoado pensando nos seus. Procurava desvendar o destino de Andrômaca, a quem muito amara e que tivera de seguir o filho de Aquiles. Entretanto, por ora não lhe fora possível consegui-lo. Andrômaca estava isolada demais com seu sofrimento para conseguir ligação com Cassandra. Atraía fortemente com suas súplicas o espírito do esposo para a Terra.

Hécuba estava morta. No delírio de sua culpa levou até as portas de Hades, região dos falecidos, a morte do cego Poliméstor e a queda de sua estirpe. Uivando, errante, assemelhando-se a um cão, corria pelos vales sombrios, de olhos obscurecidos. Olvidara por completo o clarão luminoso que outrora lhe indicara o caminho às alturas, clarão originado de sua filha Cassandra. Não lhe era mais possível ligar-se a Cassandra, que, qual estrela radiante, atraía apenas almas luminosas, ao passo que as trevas se revoltavam à sua proximidade.

A FROTA grega havia sido dispersada pelas tremendas tempestades. Contudo, Agamêmnon desembarcara são e salvo em Argólida com o resto de suas embarcações, rica presa, e muitos escravos, entre os quais figurava Cassandra. O país parecia sombrio e rude para Cassandra. Estava envolto em pesadas sombras cinzentas, apenas visíveis a ela. Nessas sombras movimentavam-se entes disformes que ali viviam. As embarcações foram impelidas para a costa e os marinheiros cuidavam delas a fim de não serem danificadas.

Vadeando pelas águas os marujos alcançaram as praias com dificuldade, procurando passagem para as mulheres e crianças. Os escravos encontravam-se em estado lastimável, desfigurados pela miséria e mágoa, vencidos pela fome e doentes. Muitos haviam morrido durante o trajeto e foram atirados ao mar.

O séquito dos escravos foi formado com dificuldade. Estavam acorrentados uns aos outros. Os homens mais fortes eram obrigados a caminhar com uma espécie de canga colocada na nuca e com as mãos presas nas costas. Entretanto, não se podia dizer que os homens de Agamêmnon fossem rudes para com os prisioneiros. Obedeciam apenas ao costume daquela época.

Lentamente a notícia da chegada da frota propalou-se, pois o povo vinha aproximando-se. Vieram os curiosos, entusiasmando-se, a seguir, ao repararem que o seu senhor voltava vitorioso. Entretanto, Agamêmnon notou que os homens pareciam oprimidos e reservados, dando a impressão de estarem esquivando-se dele.

Era essa a recepção que um povo oferecia a seu senhor, ausente de casa e do país por longos anos, em perigos e dificuldades? Cassandra pensava no júbilo com que eram recebidos o pai e os irmãos quando regressavam de suas viagens. Que diferença! Era essa a alegria do vencedor?

O aspecto daquele país estranho, daqueles homens sisudos de olhar incerto, oprimia-lhe o coração qual imenso peso.

Então, Agamêmnon voltara. Ele, de quem muitos videntes haviam previsto que jamais pisaria o solo de sua pátria. Todos sentiam-se maus vassalos e dupla culpa pesava-lhes nas consciências por terem testemunhado a desgraça da casa real, tolerando-a.

O caminho, o qual Cassandra devia seguir, parecia interminável, escabroso e poeirento. Violenta tempestade ainda soprava do mar. O número de pessoas que se aglomeravam em grupos à espera do cortejo aumentava. Pedras eram arremessadas nos prisioneiros, ferindo alguns deles sensivelmente, porém os soldados procuravam evitar tais manifestações. Os carros alcançaram o séquito dos escravos e estes tiveram de esperar à beira da estrada que eles passassem. A poeira era tão densa que mal se enxergavam as pessoas. Os escravos arquejavam sob o fardo de suas correntes, seguindo quase rastejando.

Cassandra caminhava entre as duas mulheres que outrora a haviam difamado. Uma era a governanta da casa, inteiramente submissa aos sacerdotes, que sempre temera o olhar de Cassandra, pois sua consciência não era limpa. A outra era sua neta, moça de seus vinte anos. Agora as duas queriam ficar a seu lado para amenizar sua sorte e compensar o mal que lhe haviam feito. Cassandra ficou agradecida em ter mulheres de sua pátria a seu lado. O triste cortejo, vagaroso e cansado, ia aproximando-se de Micenas. O sofrimento desse caminho gravou sulcos nas almas dos aprisionados. Cada passo magoava as mulheres, como se andassem por estrada de espinhos. Os gemidos daqueles que tombavam de fraqueza cortavam-lhes o coração.

Na distância erguia-se a bela e rica cidade, altaneira e orgulhosa. As muralhas, de um marrom acinzentado, pareciam ameaçadoras e sombrias. Contudo, havia atrás delas construções brancas e resplandecentes e suntuoso arvoredo com lindos jardins.

Todavia, tudo era tão estranho, tão diferente de Troia. Onde estaria a vida deliciosa da qual os poetas tanto falavam? Onde a atuação dos bem-aventurados deuses? Não parecia ser uma terra feliz. Demonstrava tristeza, miséria e descontentamento e acima do povo pairava a medusa ameaçadora.

Quando finalmente o séquito dos escravos alcançou a cidade, esta se encontrava em grande agitação e alegria. O povo sentia-se feliz, esperando que a volta do soberano trouxesse mudanças e tempos melhores. Temiam a oprimente regência de Clitemnestra.

Clitemnestra, trajando lindas vestes, a coroa na cabeça e enfeitada com joias maravilhosas, estava na escadaria de seu portal, saudando o cortejo de carros e cavaleiros que passava. Egisto estava a seu lado.

O rosto da rainha deveria ter sido lindo, porém agora viam-se, estampadas em seu rosto pintado, as marcas do vício. Seu corpo, outrora esbelto e belo, parecia uma ruína cuidadosamente enfeitada com as mais valiosas preciosidades do mundo. O brilho de seus olhos não era de alegria pelo regresso do esposo tão esperado; neles ardia a chama irrequieta da loucura próxima ou de um temor secreto. Seu corpo emanava o mau cheiro do vício que os aromas mais caros e as essências mais preciosas não conseguiam disfarçar, pois eram de outra espécie.

A saudação ao esposo assemelhava-se a uma bem ensaiada peça teatral, pois ela era mestra da oratória e da simulação. Todavia, Agamêmnon estava decepcionado. Lembrou-se das palavras de Cassandra e compreendeu subitamente o que ela lhe dissera. Estava prevenido. Grande amargura o invadiu, porém ele procurou combatê-la.

Entretanto, sua filha Electra deu provas de profunda alegria. Prostrando-se aos seus pés, soluçou de emoção. Com seus longos cabelos tirou-lhe o pó dos sapatos. Com aquele gesto grandioso revelou toda a sua dedicação fiel e serviçal, sua alegria por rever o pai, demonstrando também mágoa por ver destruída sua juventude. Seus lábios não pronunciaram palavra alguma.

Os carros e cavaleiros haviam passado, bem como a infantaria e os valentes arqueiros, de especial destaque. Seguia-se o cortejo de escravos, escoltados por soldados que se posicionaram entre os portais do castelo e os prisioneiros, a fim de protegerem as mulheres.

Cassandra caminhava cabisbaixa entre as outras mulheres. Todas estavam caladas e serenas, apesar de emocionadas e profundamente extenuadas da jornada. Quando Cassandra atravessou o portão, uma luz pareceu brilhar subitamente na escuridão do pátio. Seu pé hesitou ao passar perto de Clitemnestra.

Ergueu seus olhos flamejantes e examinou a rainha. A bela mulher em trajes reais e de beleza sombria vacilou diante daquele olhar, empalideceu ainda mais sob a pintura, e seus olhos tornaram-se imóveis. Não conseguia enfrentar aqueles olhos flamejantes de um azul acinzentado. As pedras no seu colo tiritavam, tal era o tremor de seu corpo com a emoção refreada.

— Clitemnestra, tu estás diante das portas de Hades! Lembra-te disso quando a cobra sibilante de teus prazeres maléficos te sussurrar ao ouvido, provocando imagens tentadoras. Ainda é tempo, estás à beira do precipício e um raio vingador já te ameaça. Olha em teu íntimo e pergunta a ti mesma se meu conselho é bom.

O silêncio da corte era de morte, apenas a voz de Cassandra se fazia ouvir. Parecia um som de metal.

Clitemnestra vacilou por um instante, porém sua escrava predileta amparou-a. Os que a rodeavam estarreceram.

Erguendo o braço com gesto dominador, apontou para Cassandra, dizendo:

— Guardai-me bem essa mulher; por vossas vidas, prendei-a isolada na torre. Tu, Ciro, és responsável por ela.

Depois dessas palavras, entrou cambaleante no castelo. Nem queria ver os tesouros conquistados, que eram levados em muitos carros.

O júbilo da festa interrompeu-se. O cortejo passava em silêncio pelos portões. Electra, afastando-se do grupo de senhoras, seguiu Cassandra e Ciro; andava cabisbaixa e calada, contudo havia uma expressão decidida em seu rosto. Um raio de luz atingira sua alma e parecia-lhe que desde aquele instante deveria seguir os passos de Cassandra até a eternidade.

Uma ampla sala, seguida de longos corredores, acolheu Cassandra. Ciro, o guarda, de estatura gigantesca, com ares de idiota e fisionomia de macaco, a seguia.

Electra ia mais atrás. Não queria irritar Ciro. A sala ao rés do chão era escura e abafada. O longo corredor que atravessariam em seguida era ainda mais sufocante, apesar das arcadas que ofereciam vista para um dos grandes pátios.

Chegaram a uma das extremidades do pátio e por uma porta baixa entraram numa torre redonda e sólida onde uma centena de degraus conduziam ao fundo. A torre sobrepujava o palácio, porém em suas profundezas havia um recinto que jamais acolhera um raio de Sol. Não havia nada além de um banco rústico e uma mesa, sobre a qual estavam uma jarra de barro e uma tigela. O ar era úmido e abafado. Morcegos esvoaçavam pelo local e teias de aranha pendiam do teto. Cassandra estremeceu de horror.

Ciro quis trancar a porta, porém hesitou. Algo havia de estranho! Observou Cassandra, olhou para o teto, examinou as fendas na parede. Finalmente, sacudindo a cabeça, deixou o aposento e trancou a porta por fora com um ferrolho rangente. Cassandra estava presa.

— Observei um fato esquisito ao encarcerar a estranha princesa de Troia, disse Ciro à soberana, ao fazer o relatório. Conheço bem aquela torre escura que já se fechou muitas vezes, prendendo teus inimigos. Contudo, nunca me pareceu tão clara depois de haver acolhido aquela mulher. Examinei-a bem, entretanto não encontrei a origem daquela luz tão estranha.

Clitemnestra riu-se dele.

— Estás ficando velho, seu tolo; ou será que ela ofuscou teus olhos como fez a Agamêmnon?

Pouco tempo após o sucedido, aconteceu algo terrível, à noite, no castelo de Agamêmnon.

Um silêncio horripilante, depois um grito agudo. Uma voz gritava:

— Eles o mataram. Mataram Agamêmnon!

O som vinha de baixo, subindo as galerias, fazendo estremecer o castelo. Clitemnestra e Egisto precipitaram-se do quarto da vítima, pálidos como a morte, ao ouvirem o grito. No entanto, na presença dos outros a rainha dava manifestações de horror, arrancando os cabelos e lastimando o esposo morto.

Electra, atrás de uma coluna junto a um responsteiro, observava Clitemnestra com olhos ardentes.

A noite parecia interminável e o dia seguinte escuro, para Cassandra. Ela, a sempre ativa, sofria sob o silêncio monótono que a envolvia. Retrocedendo, seguiu febrilmente o fio de sua vida até o início. Só via tristezas; nenhum ato, porém, errôneo ou impuro. Seu caminho de dores fora árduo, mas puro. Seu espírito pertencia a esferas ainda inimagináveis pelos seres humanos. Lembrara-se da condução de Apolo e da Luz pura, que a conduzira para cima, e sabia que sofrera por causa do amor.

Orou. Subitamente a torre parecia abrir-se no alto, e uma faixa de Luz branca e ofuscante desceu para junto dela.

"Logo tua vida se terá consumado e virás para perto do Pai", dizia uma voz das alturas. "Não temas nada e espera-me, pois virei logo."

Então os ferrolhos rangeram e o farfalhar de sedas e o tinir de joias fizeram-se ouvir. Pálida, desfigurada, com um olhar fixo, Clitemnestra apareceu na soleira da porta, seguida por Ciro.

— Sabes contar coisas maravilhosas, disse ela. Conheces muitos usos estranhos, disse-me Agamêmnon. Fica sabendo que ele deseja que tu me auxilies, escrava, pois estou doente. Deves livrar-me dos maus espíritos que me atormentam, principalmente à noite. Hás de preparar teus remédios e passar teus dedos curativos sobre meus membros doloridos. Terás de mostrar as estrelas e pedras que concedem juventude e poder eternos, pois tu as conheces.

Cassandra enviou-lhe um olhar calmo e sereno.

— Eu te direi, rainha, o que deverás fazer para te curares. Que me darás, se eu te auxiliar?

— Darei a ti metade de meus vestidos e a décima parte de minhas joias. Terás uma escrava; viverás junto de mim e serás estimada como princesa.

— Essas coisas não desejo, Clitemnestra. Não quero teus tesouros e a honra de tua casa me é desprezível. Agamêmnon está morto. Tu o mataste por meio de Egisto, teu amante, eu o sei. Redime essa ação e as fúrias te deixarão em paz. Isso eu não poderei fazer, terá de partir de ti mesma. Não trates teus filhos como se fossem os mais baixos escravos de tua casa. Dá-lhes o que merecem e te sentirás satisfeita. Oferece-lhes amor e receberás amor em troca. Recolhe-te em teu íntimo com pensamentos puros, e pensamentos puros hão de envolver-te mil vezes. Afugenta a vergonha e a imoralidade de tua casa e verás entrar nela a honra e a pureza. Afasta-te do mal, procura ligação com os planos luminosos do amor eterno e os alcançarás. No entanto, creio que já é tarde demais, Clitemnestra.

A rainha gemia. Prostrara-se ao chão e não conseguia erguer-se. Uma cobra parecia sair-lhe da boca.

— Pagarás por isso, vidente amaldiçoada, articulou com peito arquejante. Vou mostrar-te agora quem sou.

Erguendo-se, arrancou um punhal do cinto e precipitou-se para Cassandra. Todavia, um raio luminoso estava entre ela e Cassandra, e ela não conseguiu mover o braço.

— Vê quem sou! Toma o que mereces! As palavras ecoaram da boca de Cassandra.

Clitemnestra afastou-se, correndo como louca.

Após algumas horas Cassandra ouviu ruídos na porta. Pedras eram trazidas e o som de quem raspa e arranha penetrava pelo muro. Então ficou ciente de que Clitemnestra, de medo, dera ordem de emparedá-la viva. Cassandra não desesperou. Havia concluído sua vida e seu espírito elevava-se. Resignada na vontade do Pai, esperava a hora em que por Ele seria chamada. Então seguiria.

A sua morte não foi uma luta como se dá com os seres humanos. Deixava o invólucro terreno como nele penetrara, cumprindo a vontade divina, da qual fazia parte.

A palavra que seus lábios formularam foi sua última promessa à humanidade. Disse:

IMANUEL!*

As águas cinzentas, que de baixo se elevavam e que deveriam aumentar ainda o pavor de sua morte, não a alcançaram mais em vida.

Muito embora seu corpo fosse relegado ao esquecimento, o poder de seu espírito flamejante perdura pelos séculos afora.

---

* A respeito do nome "Imanuel", o leitor encontrará esclarecimento na obra em três volumes, "Na Luz da Verdade", de Abdruschin.

AO LEITOR

A Ordem do Graal na Terra é uma entidade criada com a finalidade de difusão, estudo e prática dos elevados princípios da Mensagem do Graal de Abdruschin **"NA LUZ DA VERDADE"**, e congrega as pessoas que se interessam pelo conteúdo das obras que edita. Não se trata, portanto, de uma simples editora de livros.

Se o leitor desejar uma maior aproximação com as pessoas que já pertencem à Ordem do Graal na Terra, em vários pontos do Brasil, poderá dirigir-se aos seguintes endereços:

Por carta
ORDEM DO GRAAL NA TERRA
Rua Sete de Setembro, 29.200
CEP 06845-000
Embu das Artes – SP – BRASIL
Tel.: (11) 4781-0006

Por e-mail
graal@graal.org.br

Pela Internet
www.graal.org.br

NA LUZ DA VERDADE
Mensagem do Graal de Abdruschin

Obra editada em três volumes, contém esclarecimentos a respeito da existência do ser humano, mostrando qual o caminho que deve percorrer a fim de encontrar a razão de ser de sua existência e desenvolver todas as suas capacitações.

Seguem-se alguns assuntos contidos nesta obra: O reconhecimento de Deus • O mistério do nascimento • Intuição • A criança • Sexo • Natal • A imaculada concepção e o nascimento do Filho de Deus • Bens terrenos • Espiritismo • O matrimônio • Astrologia • A morte • Aprendizado do ocultismo, alimentação de carne ou alimentação vegetal • Deuses, Olimpo, Valhala • Milagres • O Santo Graal.

vol. 1 ISBN 978-85-7279-026-0 • 256 p.
vol. 2 ISBN 978-85-7279-027-7 • 480 p.
vol. 3 ISBN 978-85-7279-028-4 • 512 p.

ALICERCES DE VIDA
de Abdruschin

"Alicerces de Vida" reúne pensamentos de Abdruschin extraídos da obra "Na Luz da Verdade". O significado da existência é tema que permeia a obra. Esta edição traz a seleção de diversos trechos significativos, reflexões filosóficas apresentando fundamentos interessantes sobre as buscas do ser humano.

Edição de bolso • ISBN 978-85-7279-086-4 • 192 p.

OS DEZ MANDAMENTOS E O PAI NOSSO
Explicados por Abdruschin

Amplo e revelador! Este livro apresenta uma análise profunda dos Mandamentos recebidos por Moisés, mostrando sua verdadeira essência e esclarecendo seus valores perenes.
Ainda neste livro compreende-se toda a grandeza de "O Pai Nosso", legado de Jesus à humanidade. Com os esclarecimentos de Abdruschin, esta oração tão conhecida pode de novo ser sentida plenamente pelos seres humanos.

ISBN 978-85-7279-058-1 • 80 p. • *Também em edição de bolso*

RESPOSTAS A PERGUNTAS
de Abdruschin

Coletânea de perguntas respondidas por Abdruschin no período de 1924-1937, que esclarecem questões enigmáticas da atualidade: Doações por vaidade • Responsabilidade dos juízes • Frequência às igrejas • Existe uma "providência"? • Que é Verdade? • Morte natural e morte violenta • Milagres de Jesus • Pesquisa do câncer • Ressurreição em carne é possível? • Complexos de inferioridade • Olhos de raios X.

ISBN 85-7279-024-1 • 192 p.

OBRAS DE ROSELIS VON SASS

A Desconhecida Babilônia
A Grande Pirâmide Revela seu Segredo
A Verdade sobre os Incas
África e seus Mistérios
Atlântida. Princípio e Fim da Grande Tragédia
Fios do Destino Determinam a Vida Humana
Leopoldina, uma vida pela Independência
O Livro do Juízo Final
O Nascimento da Terra
Os Primeiros Seres Humanos
Profecias e outras Revelações
Revelações Inéditas da História do Brasil
Sabá, o País das Mil Fragrâncias
Tempo de Aprendizado

OUTROS AUTORES

A Vida de Moisés
Aspectos do Antigo Egito
Buddha
Casca vazia
Cassandra, a princesa de Troia
Éfeso
Espiando pela fresta
Jesus Ensina as Leis da Criação
Jesus, Fatos Desconhecidos
Jesus, o Amor de Deus
Lao-Tse
Maria Madalena
Nina e a montanha gigante

Nina e a música do mar • Sereias
Nina e o dedo espetado • Dompi
O Dia sem Amanhã
O Filho do Homem na Terra
Os Apóstolos de Jesus
Quem Protege as Crianças?
Reflexões sobre Temas Bíblicos
Zoroaster

Veja em nosso site os títulos disponíveis em formato
e-book e em outros idiomas: www.graal.org.br

Correspondência e pedidos

ORDEM DO GRAAL NA TERRA

Rua Sete de Setembro, 29.200 – CEP 06845-000
Embu das Artes – SP – BRASIL
Tel.: (11) 4781-0006
www.graal.org.br
graal@graal.org.br

Fonte: Adobe Garamond Pro
Papel: Pólen Natural 70g/m^2
Impressão: Corprint Gráfica e Editora Ltda.